JN430465

우리 가족 건강을 지켜주는 든든한 음식

고기가 좋아!

고기가 좋아!

가지장미 이연화 지음

우리 가족
건강을
지켜주는
든든한 음식

지훈

고기 밥상을 차리면 아이들이 신이 나요!

"오늘 아침은 뭐야?"
"오늘 아침은 뭐 먹어요?"

저희 집 남자들이 아침에 일어나면서 인사말처럼 제일 먼저 제게 건네는 말이에요.

세상 그 어떤 일이 있어도 아침밥은 꼭 먹어야 한다고 생각하는 남자들!

그 남자들이 바로 저희 신랑과 시커먼 두 아들 녀석들이랍니다. 신랑은 어른이고 입맛이 까다롭지 않으니까 음식을 타박하지 않는 거야 당연하지만, 고등학생, 중학생인 저희 집 두 녀석들도 어릴 때부터 먹는 걸로는 어떤 투정도 부리지 않았어요. 오히려 배가 고프면 얼른 먹을 것을 내놓으라고 투정을 부렸지요. 아침 식탁에 오븐으로 구운 삼겹살이 올라오면 그날은 아침부터 밥 두 공기를 먹는 날로, 자진해서 옥상 텃밭으로 뛰어가 상추를 비롯한 쌈채소를 직접 따다 씻기까지 했어요.

아이들이 커가면서 하루 세 끼 중에 함께 먹을 수 있는 때가 점점 줄어들다보니 전 아침에 더 많은 공을 들여 식단을 맞춰주고 있어요. 어떤 땐 워킹맘인 저보다 두 녀석이 더 바쁘더라고요. 그런 아이들을 위해 엄마인 제가 해줄 수 있는 일은 맛있는 음식을 마음껏 먹게 해주는 것이죠. 구수하게 끓인 청국장과 채소가 가득 들어간 불고기까지 더하면, 어느새 녀석들의 입은 귀에 걸려요.

고기를 좋아하는 사내아이들이지만 고기를 먹을 땐 잊지 않고 다양한 쌈채소와 김치를 먹는 건 기본! 고기 덕분에 채소를 더 많이 먹게 된다고 할까요? 녀석들이 좋아하는 신김치를 씻어 들기름에 달달 볶아주는 것도 엄청 좋아합니다.

사람들은 대부분 고기요리라고 하면 소고기나 돼지고기로 만든 국, 불고기, 찌개, 구이 정도를 많이 생각하실 테지만 소고기, 돼지고기, 닭고기, 오리고기 등을 이용하여 똑같이 굽고 끓이고 삶더라도 매우 다양한 요리들을 만들 수 있답니다.

이 책에 소개된 고기요리들은 대부분 저희 집에서 자주 만들어 먹는 요리들로, 체격 좋은 두 녀석이 좋아하는, 맛과 영양이 보장된 메뉴들입니다. 부족하나마 엄마표 집밥을 차리는 데에 조금이라도 도움이 되었으면 하는 바람이에요.

2016년

가시장미 이연화

맛있는 고기 잘 고르는 법

소고기

소고기는 필수아미노산과 각종 비타민이 풍부한 영양식품으로, 선홍색을 띠며 밝은 흰색을 띤 지방이 가늘게 고루 분포되어 있습니다.

보관: 한 번 먹을 분량씩 나눠 비닐(또는 랩)에 넣어 냉동실에 보관하면 됩니다. 10도 이하의 냉장실에서는 2~3일, 영하 15도 이하에서는 6개월 정도 보관이 가능합니다.

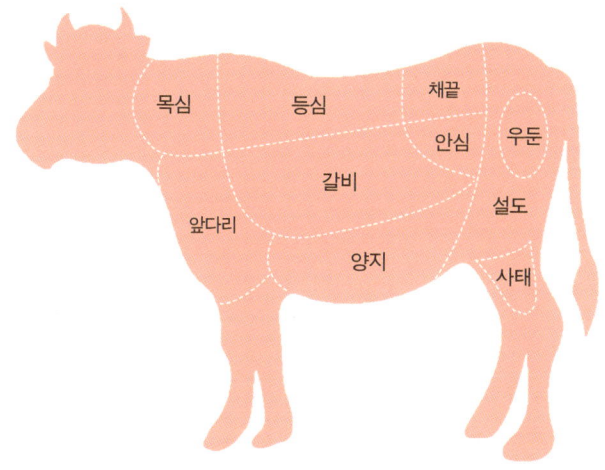

목심	전골, 탕, 조림, 스튜 등에 사용합니다.
등심	많은 사람들이 좋아하는 부위로 지방이 적절하게 분포되어 있으며 조직이 연해 스테이크, 소금구이 등에 사용합니다.
채끝	등심보다 지방이 적고 살이 많으며 불고기, 전골, 찌개 등에 사용합니다.
안심	최고급 부위로 지방이 적고 맛이 담백해 로스구이, 스테이크, 전골, 불고기 등에 사용합니다.
우둔	연하고 부드러워 산적, 장조림, 로스구이 등에 사용합니다.
사태	육회, 스튜, 탕, 찜 등에 사용합니다.
갈비	갈비뼈에 붙어 있는 고기로 불갈비, 갈비찜, 탕, 구이 등에 사용합니다.
양지	단단한 지방과 살로 된 부위로 차돌박이가 포함되어 있으며, 국거리, 탕 등에 사용합니다.

돼지고기

돼지고기는 단백질, 칼슘, 철분이 풍부하며 무기질과 각종 미네랄이 풍부해 다양한 요리에 사용됩니다.

보관: 한 번 먹을 분량만큼 부위별로 소분하여 영하 15도 이하의 냉동실에 넣어두면 4~6개월 정도 보관이 가능합니다.

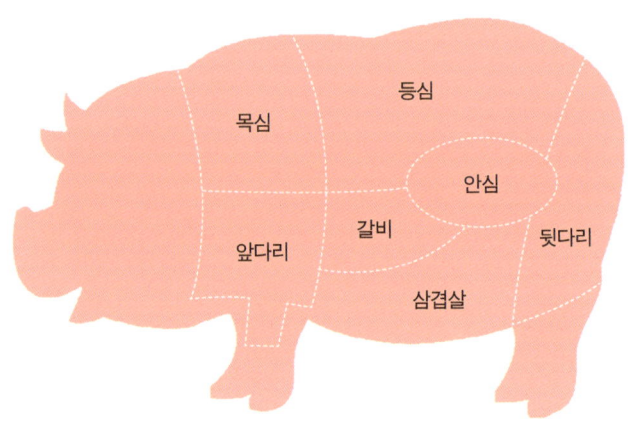

목심   목 쪽으로 이어지는 부위로 근육 사이에 지방이 적습니다. 구이, 돈가스, 불고기, 찌개 등에 사용합니다.

등심   고기의 결이 곱고 육질이 부드러워 돈가스, 구이, 카레, 스테이크, 잡채 등에 사용합니다.

안심   허리 안쪽에 자리한 부위로 지방이 거의 없어 등심보다 더 연합니다. 돈가스, 장조림 등에 사용합니다.

앞다리, 뒷다리   지방이 적고 육질에 탄력이 있어 다양한 요리에 사용합니다.

갈비   안심처럼 육질이 부드러우며 지방이 적어 찜, 구이, 찌개, 바비큐 등에 사용합니다.

삼겹살   근육과 지방이 3겹으로 분포되어 있습니다. 부드럽고 고소해 가장 인기가 좋은 부위로 구이, 찜, 볶음, 수육 등에 사용합니다.

닭고기

닭고기는 필수아미노산과 불포화지방산이 많아 피로회복에 도움이 됩니다. 한여름의 삼계탕은 보양식으로 인기가 많습니다.

보관: 각 부위별로 소분하여 영하 15도의 냉동실에서 1~2개월 정도 보관이 가능합니다.

가슴살	지방이 적은 살코기 부위로 다양한 요리에 사용합니다. 구이, 튀김, 스테이크, 튀김 등에 사용합니다.
안심살	닭가슴살 안쪽 부위로 가슴살처럼 지방이 적지만 퍽퍽하지 않고 쫄깃합니다. 구이, 조림, 튀김, 볶음, 샐러드 등에 사용합니다.
날개, 닭봉	뼈에 붙어 있는 살은 양이 적지만 연하여 튀김, 조림, 구이 등에 사용합니다.
다릿살	닭의 넓적다리 부위로 살이 쫄깃하면서도 지방이 적어 구이, 볶음, 튀김 등에 사용합니다.

오리고기

오리고기는 불포화지방산이 풍부하여 보양식으로 좋습니다. 살코기는 선홍색에 가까우며 탄력이 있어 이상적인 육질을 자랑합니다. 요즘에는 다양한 가공식품으로 사랑받고 있습니다.

고기요리를 할 때 필요한 기본 준비

소갈비와 돼지갈비 요리를 할 때

소갈비와 돼지갈비 요리를 할 때에는
반드시 미리 찬물에 담가 핏물을 빼주어야 하며,
중간에 물을 2~3번 정도 갈아주어야 합니다.

불고기 요리를 할 때

불고기 요리를 할 때에는
키친타월에 고기를 올려
핏물을 빼주어야 합니다.

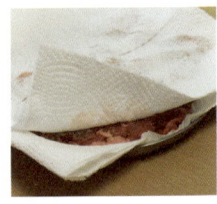

닭 특유의 냄새에 민감하다면

닭 특유의 냄새에 민감하다면, 닭고기 요리를 할 때
요리하기 전 미리 우유에 30여 분 담가 두었다가,
흐르는 물에 깨끗이 씻어 물기를 제거한 뒤 요리하면 됩니다.
우유 대신 먹다 남은 와인을 이용해도 좋습니다.
와인의 경우 닭 800g~1kg에 3~4큰술을 이용하면 됩니다.

밑간하여 1시간 이상 재워둬야 하는 요리를 할 때

밑간하여 1시간 이상 재워둬야 하는 요리를 할 때,
흔히 밑간한 재료를 밀폐용기에 담아 재워두는데
지퍼백에 담아두면 더 편리합니다.
재료를 지퍼백에 담아 냉장고에 넣어두고
냉장고 문을 열 때마다 한 번씩 뒤집어주면
양념이 골고루 배어 좋습니다.

요리 재료의 양을 잴 때

요리 재료의 양을 잴 때는
계량컵과 계량스푼을 사용합니다.

계량스푼으로 요리 재료를 계량할 때

1컵 = 200 cc

1큰술 = 1Table Spoon = 15 ml

1작은술 = 1Tea Spoon = 5 ml

계량스푼으로 요리 재료를 계량할 때는
계량스푼에 재료를 담고 그 위를 수평으로 깎아 재야 합니다.

C O N T E N T S

Part 1
다른 반찬이 필요없는 푸짐한 고기요리

Part 2

언제 먹어도 좋은 뜨끈한 고기요리

Part 3

특별한 오늘을 만들어주는 즐거운 고기요리

Part 4
기름기 쫙 뺀 담백한 오븐 고기요리

Part 5
누구나 쉽게 만드는 간편한 고기요리

Part 1

주말 저녁 온 가족이 모인 자리에 빠질 수 없는 고기요리
한 접시 가득 담아낸 맛있는 고기 하나로도 식탁이 가득 찬 느낌이다.

다른 반찬이 필요없는

푸짐한 고기요리

강황돈가스
신김치덮밥

재료	돈가스	돼지고기(안심) 400g, 달걀 2개, 소금 약간, 청주 조금, 후춧가루 조금, 튀김가루 조금, 빵가루 조금, 강황가루 조금, 파슬리가루 약간, 오일 조금
	신김치덮밥소스	신김치(묵은지) 250g, 홍고추 1/2개, 대파(흰 부분) 1대, 달걀 1개, 다시마물 1컵, 간장 2큰술, 설탕 2작은술, 맛술 1작은술, 참기름 1작은술, 후춧가루 약간

돼지고기는 청주, 소금, 후춧가루로 약 40분간 밑간을 해두세요.

튀김가루에는 강황가루를 빵가루에는 파슬리가루를 기호에 맞게 섞어주세요. 달걀은 풀어주세요. 재워두었던 돼지고기의 물기를 제거한 뒤, 튀김가루, 달걀, 빵가루 순으로 튀김옷을 입혀주세요.

오븐 팬에 석쇠를 올려 넣고 오븐을 220도로 예열해두었다가 예열이 완료되면 튀김옷 입힌 돈가스를 올리고 그 위에 오일을 뿌려주세요. 220도에서 25~28분 정도 구우면서 중간에 한 번 뒤집어 주세요.

신김치는 속을 털어내어 잘게 썰어놓고, 대파 흰 부분과 홍고추는 채썰어주세요. 달군 팬에 오일을 두르고, 신김치를 넣고, 간장, 설탕, 맛술, 참기름, 후춧가루를 넣고 달달 볶아주세요. 신김치의 익은 정도에 따라 간장과 설탕의 양은 가감하면 됩니다.

신김치가 나른하게 볶아지면 다시마물을 넣고 끓이다가 달걀을 풀어서 넣어주세요. 달걀은 젓지 말고 익혀주세요. 달걀을 익히면서 채 썬 대파 흰 부분과 홍고추를 넣고 함께 익혀주세요.

따스한 밥 위에 오븐에서 노릇하게 구운 강황돈가스를 먹기 좋게 썰어 올려주세요. 그 위에 신김치덮밥소스를 올려주면 OK! 취향에 따라 신김치덮밥소스를 먼저 올리고, 그 위에 강황돈가스를 올려도 돼요.

강황채소 볶음밥

재료   강황밥 2공기, 닭(안심) 250g, 빨강노랑파프리카 1/2개씩, 청피망 1/2개, 양파 1/2개, 화이트와인 1작은술, 마늘 5알, 케첩 2큰술, 칠리소스 2큰술, 소금 약간, 후춧가루 약간, 오일 1큰술

닭 안심은 먹기 좋게 잘라 화이트와인을 넣고 섞어준 뒤 미리 밑간해두세요. 양파, 빨강노랑파프리카, 청피망은 다지고, 마늘은 채썰어주세요.

달군 팬에 오일을 두르고, 채썬 마늘을 넣고 달달 볶아주세요. 화이트와인으로 밑간해둔 닭 안심을 볶아주세요. 이때 후춧가루를 조금 톡톡 뿌려주세요.

양파를 넣고 볶아주세요.

양파가 살짝 숨이 죽으면 빨강노랑파프리카, 청피망, 강황밥, 케첩, 칠리소스를 넣고 볶아주세요. 부족한 간은 소금으로 하면 됩니다.

강황밥 짓는 법

평소 밥을 지을 때와 같이 물 양을 잡아주세요. 거기에 강황가루 1작은술~1큰술 정도 기호에 맞게 넣고 밥을 하면 됩니다.

반찬 고기
03

닭갈비

재료 닭다릿살 500g, 양파 1개, 양배추 3장, 당근 1/3개, 고구마 1개, 대파 1대, 깻잎 10장, 청홍고추 1/2개씩, 떡볶이떡 10개, 오일 1½큰술

닭갈비 양념 고추장 3큰술, 고춧가루 2큰술, 양조간장 1큰술, 다진 마늘 1½큰술, 올리고당 1큰술, 설탕 1큰술, 미림 1큰술, 참기름 1작은술, 후춧가루 약간

닭다릿살은 먹기 좋게 잘라 분량의 재료대로 만든 닭갈비 양념으로 잘 버무려준 뒤 1시간 이상 재워두세요.

떡볶이떡은 뜨거운 물에 담가 부드럽게 해주세요.

채소들은 말끔히 씻어 먹기 좋게 썰어놓으세요. 이때 고구마는 껍질째 썰어주세요.

달군 팬에 오일을 두르고, 양념한 닭갈비와 고구마를 넣고 볶아주세요.

고구마가 반 정도 익으면 떡볶이떡, 양파, 양배추, 당근을 넣고 볶아주세요.

닭갈비, 고구마, 채소, 떡볶이떡이 잘 어우러지면 마지막에 깻잎, 청홍고추를 넣고 후다닥 센불로 볶아 바로 불을 끄면 끝입니다.

닭똥집
볶음

재료   닭똥집(모래주머니) 500g, 마늘(중) 2톨, 청양고추 1개, 홍고추 1개, 검은깨 1/2작은 술, 청주 1큰술, 월계수잎 1~2장, 생강 조금, 오일 조금, 소금 조금, 후춧가루 조금, 밀가루 조금, 굵은 소금 조금

닭똥집은 볼에 담아 밀가루, 굵은 소금을 조금 넣고 바락바락 치댄 뒤 흐르는 물에 맑은 물이 나올 때까지 씻어 물기를 빼주세요.

생강을 넣고 끓인 물에 청주, 월계수잎을 넣고 닭똥집을 3~4분 정도 데친 뒤, 흐르는 물에 살짝 씻어 물기를 빼주세요.

데친 닭똥집은 먹기 좋게 2~3등분으로 썰고, 통마늘은 껍질을 까서 조금 굵게 편 썰어주세요. 청양고추, 홍고추는 송송 썰어주시고요.

달군 팬에 오일을 두르고, 편 썬 마늘을 넣고 볶아주세요.

닭똥집을 넣고 볶아주세요. 이때, 후춧가루도 살짝 뿌려주세요.

청양고추, 홍고추, 검은깨를 넣고 볶아주세요. 간은 소금과 후춧가루로 해주면 되는데, 기호에 따라 핫소스로 간을 해도 돼요.

돼지고기 간장불고기

재료	돼지고기(불고기용) 500g, 청주 2큰술, 팽이버섯 1팩, 청홍고추 1개씩, 청양고추(소) 1개, 들기름 1큰술
간장양념	간장 4큰술, 설탕 1큰술, 올리고당 1큰술, 다진 파 1큰술, 다진 마늘 1큰술, 생강즙 1작은술, 깨소금 1큰술, 후춧가루 1/4작은술, 다진 청양고추 1큰술(생략 가능)

돼지고기에 청주를 넣고 섞은 뒤 체에 받쳐 핏물을 빼주세요.

핏물이 빠질 동안 간장양념을 미리 만들어두세요. 청양고추 다진 것은 기호에 따라 생략해도 돼요.

핏물 빠진 돼지고기에 간장양념을 넣고 버무린 뒤 30분 이상 재워두세요.

팽이버섯은 밑동을 잘라 씻어 물기를 빼주고, 청홍고추는 반으로 갈라 씨를 제거한 뒤 채썰어주세요.

달구어진 팬에 오일을 조금 두르고, 재워두었던 돼지고기를 달달 볶아주세요.

돼지고기가 어느 정도 익으면 손질한 채소를 넣고 섞어가면서 후다닥 볶은 뒤 마지막에 들기름을 두르고, 센불에서 확~ 볶아주세요.

돼지고기
간장편육

재료	돼지고기(삼겹살) 600g, 오일 조금
신김치 무침	신김치 100g, 참기름 1큰술, 깨소금 1큰술, 설탕 1/2작은술
간장소스	물 6컵, 간장 6큰술, 청주 2큰술, 소금 1/2작은술, 참기름 1큰술, 생강 1톨, 청양고추 2개, 건홍고추 1개, 대파(흰 부분) 1대, 통후추 10알, 생 로즈마리 조금

청양고추와 건홍고추는 기호에 맞게 썰고 생강은 편 썰어주세요. 신김치는 속을 털어내고 잘게 다져주세요.

팬에 삼겹살을 올리고 네 면을 돌려가면서 구운 뒤 기름기를 빼주세요.

삼겹살을 구우면서 다른 화구에는 간장소스 재료 중 물, 간장, 청주, 참기름, 소금을 넣고 끓이면 더 편리해요.

간장소스가 끓으면 대파, 청양고추, 건홍고추, 로즈마리, 생강, 통후추, 구운 삼겹살을 넣고 센불에서 끓여주세요.

간장소스가 거의 졸아들 때쯤이면 삼겹살에 간장소스를 끼얹으면서 조려주세요.

돼지고기간장편육이 마구 조려질 동안 잘게 다진 신김치에 참기름, 깨소금, 설탕을 넣고 섞어주세요.

돼지고기
감자조림

재료	돼지고기(사태) 500g, 감자(대) 2개, 청양고추 1개, 청홍고추 1개씩
데칠 때	물 800㎖, 청주 1큰술, 정향 5~6개
조림양념	간장 1/2컵, 물 1$\frac{1}{2}$컵, 다진 마늘 2큰술, 다진 생강 1큰술, 올리고당 1큰술

감자는 한입 크기로 썰어 찬물에 담가두었다가 물기를 제거해주세요.

돼지고기도 한입 크기로 썰어주세요.

물이 끓으면 청주와 정향을 넣고, 미리 썰어둔 돼지고기를 넣고 데쳐주세요.

조림양념을 준비하여 끓으면 데쳐 둔 돼지고기를 넣고 조려주세요.

돼지고기가 반 정도 익으면 감자를 넣고 조려주세요.

돼지고기와 감자가 거의 익고, 국물이 반 정도 줄어들면 청양고추, 청고추, 홍고추를 어슷 썰어 넣어주세요.

돼지고기
꽈리고추
장조림

재료	돼지고기(안심) 550g, 꽈리고추 100g, 청양고추 1개, 통깨 조금
삶을 때	물 5컵, 건홍고추 1개, 대파 1대, 양파 1/2개, 생강 1톨, 청주 1큰술, 통후추 1작은술
장조림 양념	간장 1/2컵, 국간장 2큰술, 미림 1/4컵, 설탕 2큰술, 돼지고기 삶은 육수 2컵

돼지고기는 물에 담가 핏물을 빼주세요.

물 5컵을 끓인 뒤 핏물 뺀 돼지고기와 삶을 때 넣는 재료를 넣고 센불에서 20~25분 정도 끓여주세요.

꽈리고추는 깨끗이 씻어 물기를 제거한 뒤 이쑤시개로 콕콕 찔러주세요. 청양고추는 어슷하게 썰어주세요.

돼지고기 삶은 물은 체에 걸러준 뒤 2컵을 남겨주세요. 삶은 돼지고기는 한 김 식힌 뒤, 결대로 찢어주세요.

팬에 분량의 장조림 양념대로 넣고 설탕을 완전히 녹여 끓인 뒤, 결대로 찢어두었던 돼지고기를 넣고 조려주세요.

장조림국물이 자작해지면 손질해둔 꽈리고추와 청양고추를 넣고 국물이 4~5큰술 정도가 될 때까지 조려주세요.

돼지고기
다시마쌈밥

재료	돼지고기(항정살) 180g, 다시마(쌈용) 전지김 크기 5장, 고슬고슬한 밥 2공기
돼지고기 밑간	간장 3큰술, 설탕 1큰술, 양파즙 1큰술, 다진 마늘 1큰술, 다진 파 1큰술, 참기름 1작은술, 후춧가루 1/4작은술
새콤 귤소스	귤(중) 1/2개, 양파 1/8개, 슬라이스 파인애플 1/2조각, 설탕 1작은술, 식초 1½큰술(가감)

돼지고기에 밑간 재료대로 넣고 30분 이상 재워두세요.

다시마는 찬물에 여러 번 씻은 뒤 찬물에 30분 정도 담가 짠기를 빼주고, 끓는 물에 살짝 데쳐주세요.

밑간해두었던 돼지고기는 달군 팬에 국물 없이 노릇노릇 구워주세요.

쌈용 다시마, 고슬고슬한 밥, 돼지고기 순으로 올려준 뒤 돌돌 말아주세요.

분량의 재료대로 귤소스를 만들어 소스접시에 담고, 돼지고기다시마쌈밥도 예쁘게 담아주세요.

돼지고기등심 케첩조림

재료	돼지고기(등심) 500g, 호두 30g
밑간	간장 2큰술, 튀김가루 2큰술, 청주 1큰술, 포도씨유 1작은술, 생강가루 1/4작은술, 마늘가루 1/2 작은술
케첩소스	케첩 5큰술, 레드와인 1½큰술, 고춧가루 1큰술, 설탕 2큰술, 올리고당 1큰술, 포도씨유 1큰술

돼지고기는 한입에 들어갈 만한 크기로 잘라주세요. 고기를 사면서 아예 돈가스처럼 슬라이스해서 살짝 눌러달라고 하면 더 쉬워요. 밑간 재료대로 섞어 냉장고에 1시간 이상 재워두세요.

재워둔 돼지고기를 230도로 예열한 오븐에서 28~30분 정도 구워주세요. (뜨겁게 달군 기름에 튀겨내도 좋아요.)

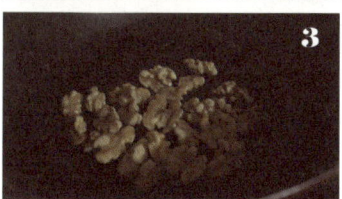

호두는 달군 팬에 오일을 두르지 않고 볶아주세요.

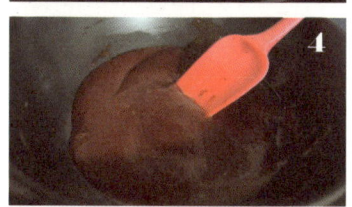

돼지고기가 오븐에서 거의 다 익을 무렵, 팬에 소스재료를 차례로 넣으면서 보글보글 끓여주세요.

고기가 다 익으면 뜨거울 때 꺼내 소스팬에 넣고 호두와 함께 센불에서 후다닥 볶아주세요. 너무 오래 볶으면 오븐 속에서 바삭하게 구워졌던 고기 맛이 안 좋아지니 주의하세요.

돼지고기
미역줄기볶음

재료 미역줄기 1팩(200g), 양파 1/2개, 당근 1/3개, 홍피망 1/2개, 돼지고기(간 것) 50g, 청주 약간, 후춧가루 약간, 다진 마늘 1큰술, 소금 조금, 통깨 1큰술

돼지고기 간 것에다 청주와 후춧가루를 넣고 살짝 간을 해주세요. 미역줄기는 30여 분 찬물에 담가 소금기를 빼준 다음 끓는 물에 데쳐주세요. 양파, 당근, 홍피망은 채 썰어주세요.

달군 팬에 오일을 조금 두르고 미리 간해둔 돼지고기 간 것을 넣고 살짝 볶아 키친타월에 올려 기름기를 빼주세요.

다시 팬을 닦고 양파와 당근을 넣고 볶아주세요.

홍피망과 데친 미역줄기를 넣고 볶아주세요.

여기에 돼지고기 볶은 것과 마늘을 넣고 볶아주세요.

소금으로 간을 하시고, 마지막에 통깨를 뿌려주세요.

돼지고기
주물럭

재료	돼지고기(앞다릿살) 500g, 양파 1/2개, 팽이버섯(소) 1½팩, 대파 1대, 청주 1큰술, 오일 조금, 통깨 조금
양념	고추장 2½큰술, 고춧가루 1큰술, 간장 1큰술, 설탕 1큰술, 참기름 1큰술, 다진 마늘 1큰술, 미림 1큰술, 소금 1/2작은술, 후춧가루 1/4작은술

돼지고기 앞다릿살에 청주 1큰술을 넣고 섞은 뒤, 체에 받쳐 핏물을 빼주세요.

분량의 재료대로 양념을 만들어 핏물 빠진 돼지고기 앞다리살에 넣고 조물조물 버무려주세요. 양념한 돼지고기주물럭은 1시간 이상 재워두세요.

팽이버섯은 밑동을 자르고, 양파는 채 썰어주세요. 대파는 어슷 썰어주시고요.

달군 팬에 오일을 조금 두른 뒤, 채 썬 양파와 재워두었던 돼지고기주물럭을 넣고 달달 볶아주세요.

양파와 돼지고기가 맛있게 익으면 팽이버섯과 대파를 넣고 볶아주세요.

돼지고기
짜장

재료	춘장 1봉지, 포도씨유 90g, 돼지고기 200g, 양배추 80g, 양파(중) 1개, 감자 1개, 당근 1/2개, 애호박 1/3개, 캔완두콩 3큰술, 미강 2큰술, 마늘 4알, 물 500㎖, 설탕 1큰술, 올리고당 1큰술, 녹말물 3큰술
돼지고기 밑간	청주 1작은술, 소금 조금, 후춧가루 조금

돼지고기는 먹기 좋게 잘라 밑간해두세요.

깨끗이 씻은 채소 중에서 마늘은 채 썰고, 나머지 채소는 모두 깍둑깍둑 썰어주세요. 감자는 찬물에 담가 전분기를 없애주시고요. 캔완두콩은 뜨거운 물을 부은 뒤 체에 밭쳐주세요.

달군 팬에 포도씨유와 춘장, 미강을 넣고 10분 정도 튀기듯이 볶아주세요. 볶은 미강춘장은 체에 밭쳐 기름기를 빼주세요.

달군 팬에 오일을 조금 두르고, 마늘채를 달달 볶다가 밑간한 돼지고기를 넣고 볶아주세요. 돼지고기가 어느 정도 익으면 나머지 채소를 넣고 함께 볶아주세요.

기름기를 제거한 미강춘장, 캔완두콩, 설탕, 올리고당, 물을 넣고 끓여주세요. 보글보글 끓으면 바닥이 눋지 않게끔 저어주시고요. 미강춘장, 채소, 돼지고기가 맛있게 익으면 마지막에 녹말물을 넣고 섞어주세요.

된장돼지
불고기

재료	돼지고기(불고기용) 500g, 청주 1큰술, 대파 1대, 들기름 1작은술, 통깨 조금, 오일 1큰술
된장양념	된장 3큰술, 고운 고춧가루 2큰술, 미림 1큰술, 설탕 2큰술, 올리고당 1큰술, 다진 마늘 1큰술, 후 춧가루 1/4작은술

돼지고기는 살짝 얼려서 얇게 썰어 청주 1큰술을 넣고 섞어 준 뒤 체에 밭쳐 핏물을 빼주세요.

핏물이 빠질 동안 된장양념을 만들어주세요. 된장은 가정마 다 맛이 다르므로 가감해서 넣어주세요.

핏물을 제거한 고기에 된장양념을 넣고 조물조물 무쳐준 뒤 1시간 이상 재워두세요.

달군 팬에 오일 1큰술을 두르고, 재워두었던 고기를 달달 볶 아주세요. 마지막에 들기름을 넣고 센불에서 휘리릭 한 번 더 볶아주시고요.

동그랑땡

재료	돼지고기(다진 것) 300g, 두부 100g, 양파(중) 1/4개, 당근(중) 1/5개, 실파 20g, 청양고추 1개, 청주 1큰술, 밀가루 조금, 달걀 2개, 소금 조금, 오일 조금
반죽 양념	다진 마늘 1큰술, 생강가루 1/2작은술, 소금 1/2작은술, 후춧가루 1/4작은술, 참기름 1작은술, 빵가루 3큰술, 달걀 1개

다진 돼지고기에 청주를 넣고 섞어준 뒤 체에 받쳐 핏물을 빼주세요.

두부는 칼을 옆으로 뉘어 으깨준 뒤 물기를 꽉 짜주세요.

청양고추, 양파, 실파, 당근은 잘게 다져주세요. 양파와 당근은 달군 팬에 한 번 볶아주셔도 돼요.

볼에 핏물 제거한 돼지고기, 물기 뺀 두부, 다진 채소와 함께 동그랑땡 반죽 양념을 넣고 끈기가 생길 때까지 치대준 뒤 랩을 씌워 냉장고에 30분~1시간 정도 넣어두세요.

냉장고에서 꺼낸 동그랑땡 반죽을 먹기 좋은 크기로 빚어 밀가루, 달걀 순으로 옷을 입혀주세요. 달걀을 풀 때 소금을 넣어 간을 살짝 하면 좋습니다.

달군 팬에 오일을 두르고, 동그랗게 빚은 반죽을 하나씩 올려 앞뒤로 노릇하게 구워주세요.

두부김치

재료   신김치 300g, 돼지고기 250g, 들기름 1큰술, 손두부 1모, 양파 1/2개, 대파 1/2대, 다시마물 2큰 술, 오일 조금, 소금 한 꼬집

양념   고추장 1½큰술, 다진 마늘 1큰술, 참기름 1큰술, 후춧가루 1/4작은술

잘 익은 신김치는 속을 털어내고 먹기 좋게 잘라, 듬성듬성 기호에 맞게 잘라준 삼겹살과 함께 볼아 담아주세요.

들기름을 넣고 섞어준 뒤 10분 정도 재워두세요.

달군 팬에 오일을 조금 두르고, 재워두었던 신김치돼지고기를 넣고 다시마물 2큰술을 조금씩 넣어가면서 볶아주세요.

돼지고기가 2/3정도 익을 때쯤 채썬 양파와 양념을 넣고 충분히 볶아주세요.

마지막에 어슷하게 썬 대파를 넣고 센불에서 휘리릭~ 볶아주세요.

손두부는 끓는 물에 소금 한 꼬집을 넣고 데친 뒤 물기를 제거하고 먹기 좋게 잘라주세요.

매콤 닭고기
감자조림

재료	토막 낸 닭 600g, 감자(중) 4개, 당근(대) 1/2개, 양파 1개, 홍고추 1개, 청양고추 2개, 물 3컵
닭 데칠 때	생강 2톨, 청주 2큰술
양념	간장 2큰술, 매운 굴소스 1큰술, 고추장 1½큰술, 고춧가루 2큰술, 설탕 1큰술, 올리고당 1½큰술, 미림 1큰술, 참기름 1큰술, 다진 마늘 1½큰술, 생강가루 1/2작은술, 후춧가루 1/4작은술

토막 낸 닭은 생강을 편 썰어 넣고 끓인 물에 청주를 넣고 센 불에서 후르르~ 끓여주세요.
찬물에 헹궈 여분의 불순물을 제거한 뒤 물기를 빼주세요.

감자는 반으로 잘라 가장자리를 정리해주고, 당근도 먹기 좋게 썰어 가장자리를 정리해주세요. 양파는 1/4로 썰어주고, 고추는 송송 썰어주세요.

분량의 재료대로 양념을 만들어 팬에 물과 양념의 2/3를 넣고 끓인 뒤, 물기를 제거한 닭을 넣고 한소끔 끓으면 불을 낮춰 반 정도 익을 때까지 은근히 조려주세요.

닭이 반 정도 익으면 감자, 당근, 양파를 넣고 조려주세요.

닭과 채소가 거의 다 익으면 홍고추와 청양고추를 넣고 한 번 더 조려주세요.

미소돼지
불고기

재료	돼지고기(불고기용) 500g, 셀러리 1대, 마늘 12알, 청주 1작은술, 소금 조금, 후춧가루 조금, 오일 1큰술
미소양념	미소된장 2큰술, 간장 1큰술, 녹인 버터 1큰술, 설탕 1작은술, 맛술 2큰술

마늘은 편 썰고, 셀러리는 심을 제거한 뒤 어슷하게 썰어주세요.

돼지고기를 볼에 담고 청주, 소금, 후춧가루, 편 썰기 한 마늘을 넣고 10분 정도 재우면서 분량의 재료대로 양념을 만들어주세요.

달군 팬에 오일을 두르고, 재워두었던 돼지고기를 달달 볶아주세요.

고기가 거의 익어가면 미소양념과 셀러리를 넣고 볶아주세요.

버섯불고기

재료	소고기(불고기용) 500g, 느타리버섯(중) 12개, 팽이버섯 1팩, 양파 1/4개, 빨강파프리카 1/2개, 대파 1/2대, 참기름 1작은술
불고기 양념	간장 4큰술, 설탕 1큰술, 꿀 2큰술, 다진 마늘 1큰술, 참기름 1큰술, 깨소금 1큰술, 배즙 1큰술, 후춧가루 1/4작은술

느타리버섯은 먹기 좋게 찢고 팽이버섯은 밑동을 자른 뒤 깨끗하게 씻어 물기를 제거해주세요. 빨강파프리카와 양파는 채 썰어주세요. 대파는 어슷 썰어주시고요.

불고기용 소고기는 키친타월에 올려 핏물을 제거한 뒤, 불고기양념을 만들어 양파와 느타리버섯을 함께 넣고 30분 정도 재워두세요.

달군 팬에 재워두었던 고기를 볶다가 어느 정도 익으면 빨강파프리카를 넣고 볶아주세요.

마지막에 팽이버섯, 대파, 참기름 1작은술을 넣고 빠르게 섞듯이 볶아주세요.

삼겹살
과일소스조림

재료	삼겹살 500g, 청주 1큰술, 로즈마리 1줄기, 채썬 양파 1/2개, 후춧가루 1/4작은술, 오일 조금
과일소스	레몬 1개, 사과 1/3개, 간장 1/4컵, 올리고당 3큰술, 설탕 1큰술, 대파 1/2대, 마늘 4쪽, 통후추 10알, 물 1컵

과일소스 재료 중에서 간장, 올리고당, 설탕, 물을 먼저 팬에 넣고 완전히 녹인 뒤 나머지 재료를 넣고 불에 올려 끓이다가 한소끔 끓으면 불을 낮춰 은근히 반으로 졸여주세요.

반으로 졸여졌으면 체에 걸러주세요.

삼겹살은 먹기 좋게 잘라 끓는 물에 청주 1큰술, 로즈마리를 넣고 데쳐주세요.

달군 팬에 오일을 두르고, 채썬 양파를 넣고 달달 볶아준 뒤, 데친 삼겹살을 넣고 구워주세요. 이때, 후춧가루도 함께 톡톡!

삼겹살이 앞뒤로 살짝 노릇노릇해지면 미리 만들어둔 과일소스를 붓고 조려주세요.

삼겹살
양파볶음

재료	삼겹살 200g, 양파 1개, 대파 1/2대, 홍고추 1개, 생강 1톨, 간장 1½큰술, 설탕 1작은술, 통깨 1작은술
삼겹살 밑간	청주 1작은술, 생강가루 1/2작은술, 소금 약간, 후춧가루 약간
볶음오일	매운 고춧가루 1작은술, 고추기름 1작은술, 포도씨오일 1½큰술

삼겹살은 먹기 좋게 잘라 생강을 넣고 끓인 물에 데친 뒤 찬물에 씻어서 물기를 빼주세요. 생강이 없다면 청주를 사용해도 돼요.

물기를 제거한 삼겹살에 밑간양념을 넣고 조물조물 버무려 10분 정도 재워두세요. 양파는 채썰고, 대파와 홍고추는 어슷하게 썰어주세요.

달군 팬에 매운 고춧가루, 고추기름, 포도씨유를 넣고 섞으면서 약불에서 끓여주세요. 매콤한 걸 아주 좋아하신다면 청양고추 1개를 어슷어슷 썰어 넣어주셔도 좋아요.

채썬 양파와 재워두었던 삼겹살을 넣고 볶아주세요.

간장과 설탕을 섞어서 홍고추와 함께 넣고 볶아주세요.

마지막에 대파와 통깨를 넣고 센불에서 휘리릭~ 볶아주시면 됩니다.

삼겹살
조림덮밥

재료	삼겹살 300g, 달걀 3개, 밥 3공기, 생강 2톨, 청양고추 1개, 팽이버섯 1/3팩, 올리고당 1큰술, 통깨 조금
조림양념	간장 3큰술, 미림 1큰술, 설탕 1작은술, 후춧가루 1/4작은술, 물 1½컵

달걀은 삶아서 껍질을 벗겨주세요.

삼겹살은 먹기 좋게 잘라 생강을 넣고 끓인 물에 데쳐 기름기를 조금 빼주세요. 찬물에 씻어 물기를 빼주시고요.

팬에 조림양념 재료를 넣고 보글보글 끓여주세요.

끓으면 물기를 제거한 삼겹살, 삶은 달걀, 청양고추를 넣고 조려주세요.

조림양념의 국물이 반 정도 줄어들면 밑동 자른 팽이버섯과 올리고당을 넣고 조려주세요.

소고기
감자볶음

재료	소고기(채끝) 200g, 감자(대) 1½개, 당근 1/3개, 오일 1큰술
양념	간장 3큰술, 청주 1큰술, 설탕 1작은술, 올리고당 1큰술, 다진 마늘 1큰술, 다진 청양고추 1개, 참기름 1작은술

소고기는 먹기 좋게 잘라 분량의 양념대로 만들어 넣고 조물조물 버무려준 뒤 15분 정도 재워두세요.

감자는 썰어서 찬물에 담가 전분기를 없앤 뒤 물기를 제거해주세요.

당근도 감자 크기만큼 썰어주세요.

달군 팬에 오일을 두르고, 감자를 넣고 볶아주세요.

감자가 반 정도 익으면 양념에 재워둔 소고기와 당근을 넣고 볶아주세요. 볶으면서 너무 많이 뒤적이면 감자의 모양이 으스러져 모양이 미워지니 적당히 뒤적이세요.

소고기
떡불고기

| **재료** | 소고기(불고기용) 약 550g, 양파 1/2개, 당근 1/2개, 떡볶이떡 12개, 대파 1대, 참기름 1작은술, 청양고추 1개 |
| **불고기 양념** | 간장 4큰술, 설탕 1큰술, 올리고당 1큰술, 다진 마늘 1큰술, 다진 파 1큰술, 참기름 1큰술, 청주 1큰술, 배즙 2큰술, 깨소금 1큰술, 다진 청양고추 2개, 후춧가루 1/4작은술 |

양파와 당근은 가늘지 않게 채썰어주세요.

소고기는 키친타월로 핏물을 제거한 뒤, 먹기 좋게 썰어 볼에 담아 불고기 양념을 넣고 조물조물 섞어주세요.

양파와 당근을 넣고 섞어준 뒤 1시간 정도 재워두세요.

소고기와 채소를 재워둔 지 한 50분 정도 지나면 떡볶이떡을 뜨거운 물에 살짝 데쳐 4등분해주세요. 서로 달라붙지 않게 참기름으로 살짝 코팅해주세요.

달군 팬에 재워두었던 불고기를 넣고 볶아주세요.

고기와 채소가 어느 정도 익으면 준비해둔 떡볶이떡을 넣고 볶아주세요. 마지막에 청양고추와 대파를 넣어주시면 된답니다.

소고기마늘
채소볶음

재료	소고기(등심) 180~200g, 마늘 10알, 빨강노랑파프리카 1/2개씩, 청피망 1/2개, 올리브오일 1큰술, 통깨 1큰술
소고기 양념	간장 1큰술, 맛술 1큰술, 설탕 1작은술, 참기름 1/2큰술, 소금 1/4작은술, 후춧가루 약간

소고기는 키친타월에 올려 핏물을 빼주세요.

먹기 좋게 잘라 분량의 재료대료 양념을 만들어 넣고, 10분 정도 재워두세요. 마늘은 반으로 자르고, 빨강노랑파프리카와 청피망은 먹기 좋게 썰어주세요.

달군 팬에 올리브오일을 두르고, 마늘을 넣어 달달 볶아 향을 내준 뒤 미리 재워두었던 소고기를 넣고 볶아주세요.

청피망, 빨강노랑파프리카를 넣고 볶아주세요.

소금으로 간을 하고 통깨를 넣어 재빨리 볶은 뒤 불에서 내리세요.

소고기 오이볶음

재료	소고기(간 것) 100g, 오이 1개, 간장 1작은술, 통깨 1큰술, 소금 조금, 오일 조금, 굵은 소금 조금
오이 절일 때	소금 1/2작은술
소고기 양념	간장 1작은술, 설탕 1작은술, 청주 1작은술, 다진 마늘 1작은술, 참기름 1작은술, 후춧가루 약간

오이는 굵은 소금을 이용해 겉을 비벼가며 씻어 물기를 제거해주세요. 그런 다음 동글동글하게 썰어 소금 1/2작은술을 넣고 10분 정도 절여주세요. 절인 오이는 가볍게 짜주세요.

소고기에 분량의 재료대로 양념을 넣고 밑간해주세요.

달군 팬에 오일을 두르고, 오이를 넣고 볶아주세요.

밑간해둔 소고기를 넣고 볶아주세요.

간장과 소금으로 간을 한 뒤 통깨를 넣고 센불에서 휘리릭 볶아주세요.

소고기잡채

재료	소고기(치맛살) 200g, 양파 1/4개, 홍피망 1개, 청피망 1개, 표고버섯 3개, 참기름 1큰술, 통깨 1큰술, 다진 마늘 1큰술, 소금 조금, 후춧가루 조금, 오일 1큰술
소고기 양념	간장 1큰술, 청주 1큰술, 참기름 1작은술, 설탕 1작은술

1 소고기는 결대로 굵게 채썰어 양념에 미리 재워두세요.

2 양파와 홍피망, 청피망도 채썰어주세요. 표고버섯은 밑동을 잘라내고 채썰어주세요.

3 달군 팬에 오일을 두르고, 양파를 볶아주세요. 그런 다음 표고버섯, 홍피망, 청피망을 넣고 살짝 섞어주세요.

4 양념된 소고기를 넣고 볶아주세요.

5 소고기와 채소가 거의 익을 때쯤 다진 마늘, 소금, 후춧가루를 넣고 볶아주세요. 마지막에 참기름과 통깨를 넣고 후다닥 마무리하시면 된답니다.

소고기
주꾸미볶음

재료	소고기(채끝) 200g, 데친 주꾸미 4마리, 떡볶이떡 10개, 양파 1/2개, 당근 1/3개, 청고추 2개, 오일 1큰술
양념	고운 고춧가루 1큰술, 두반장 1큰술, 굴소스 1큰술, 설탕 1큰술, 올리고당 1큰술, 미림 1큰술, 다진 마늘 1큰술, 다진 청양고추 1개, 깨소금 1작은술, 후춧가루 1/4작은술

소고기는 키친타월에 올려 핏물을 빼준 뒤 엄지손가락 정도로 썰어, 미리 만들어둔 양념을 넣고 20분 정도 재워두세요. 양파, 당근은 채 썰고 청양고추는 어슷하게 썰어주세요.

팬이 달구어지면 오일 1큰술을 두르고, 양파와 당근을 달달 볶아주세요.

양파의 색이 살짝 투명해지면 양념해둔 소고기를 넣고 섞듯이 한 번 볶아준 뒤, 말랑한 떡볶이떡을 넣고 볶아주세요. 떡볶이떡이 딱딱하다면 볶다가 뚜껑을 닫고 약 40초 정도만 두면 금방 말랑해져요. 마지막에 주꾸미와 청고추를 넣고 볶아주세요.

주꾸미 손질하는 법
주꾸미는 머리를 뒤집어서 내장을 모두 빼내고 이빨도 제거해주세요. 밀가루를 넣고 바락바락 치댄 다음 물로 깨끗이 씻어 체에 받쳐 물기를 빼주면 됩니다.

소고기 채소 굴소스 볶음

재료	소고기 180g, 양배추 50g, 당근 1/3개, 청피망 1/2개, 빨강파프리카 1/2개, 마늘 4알, 생강(마늘 2개 크기) 1개, 굴소스 2큰술, 올리브오일 1작은술, 참기름 1/2작은술
소고기 밑간	참기름 1/2작은술, 청주 1작은술, 후춧가루 1/4작은술

채소는 기호에 맞게 썰어주세요. 냉장고 속 자투리를 이용해도 됩니다.

소고기도 채썰어 밑간을 해두시고요.

달군 팬에 올리브오일을 두르고, 채 썬 마늘과 생강을 넣고 볶아주세요.

마늘, 생강채의 향이 올라오면 양배추, 당근, 소고기를 넣고 볶아주세요.

채소의 숨이 죽으면 청피망, 빨강파프리카, 굴소스를 넣고 볶아주세요. 너무 오래 볶으면 채소가 무르게 되어서 안 되니 적당히 볶아주세요. 마지막에 참기름을 두르고 섞어준 뒤 불에서 내리세요.

소고기
채소볶음밥

재료	밥 1½공기, 다진 소고기 100g, 감자 1개, 양파(중) 1/2개, 빨강노랑파프리카 1/4개씩, 청양고추 1½개, 오일 조금, 굴소스 조금, 소금 조금
소고기 밑간	간장 1작은술, 소금 1/4작은술, 후춧가루 약간

다진 소고기에 밑간 재료를 넣고 조물조물해준 뒤 채소를 손질할 때까지 재워두세요.

채소는 모두 잘게 다져주세요. 감자는 다져서 찬물에 담가두었다가 물기를 제거해주세요.

달군 팬에 오일을 살짝 두르고, 재워두었던 다진 소고기를 달달 볶아 키친타월에 올려 기름기를 제거해주세요.

달군 팬에 오일을 두르고, 감자와 양파를 넣고 볶아주세요.

감자와 양파가 투명해지면 밥을 넣고 볶아주세요.

볶은 소고기, 빨강노랑파프리카, 청양고추를 넣고 볶아주세요. 볶으면서 간을 해주는데, 취향에 따라 굴소스나 소금으로 간을 맞춰주세요.

소불고기

재료	소고기(불고기용) 300g, 표고버섯(대) 1개, 양파 1/4개, 파프리카 조금
양념	간장 3큰술, 청주 1큰술, 설탕 1큰술, 참기름 1작은술, 다진 청양고추(작) 1개 분량, 다진 파 1큰술, 다진 마늘 1큰술, 깨소금 1작은술, 후춧가루 1/4작은술

소고기를 키친타월에 올려 핏물을 빼주세요.

표고버섯, 양파, 파프리카는 채썰어주세요.

파프리카를 제외한 소고기, 양파, 표고버섯을 볼에 담아놓고, 분량의 재료대로 불고기양념을 만들어 넣고 섞어주세요.

양념한 고기를 10분 정도 재워두세요.

달군 팬에 오일을 살짝 두르고 밑간한 불고기를 달달 볶아주세요.

소고기, 느타리버섯, 양파가 거의 다 익으면 마지막에 채 썬 파프리카를 넣고 휘리릭~ 섞어가며 볶아주세요.

소불고기
덮밥

재료	소고기(불고기용) 200g, 양파 1개, 팽이버섯 1/2팩, 오일 1½큰술, 버터 15g
소고기 밑간	청주 1작은술, 후춧가루 약간
소스	간장 1큰술, 케첩 6큰술, 미림 1작은술, 올리고당 1큰술, 겨자 1작은술, 후춧가루 1/4작은술

소고기는 키친타월에 올려 핏물을 제거해주세요. 핏물을 제거한 소고기에 청주와 후춧가루로 10분간 밑간해주세요.

팽이버섯은 밑동을 잘라내고 깨끗하게 씻어 물기를 제거하고, 양파는 채썰어주세요.

달군 팬에 오일을 두르고, 양파를 볶아주세요. 밑간한 소고기를 넣고 볶아주세요.

분량의 재료대로 소스를 만들어 팽이버섯과 함께 조리듯이 섞어가면서 볶아주세요.

마지막에 팬의 중앙부분에 버터를 넣고 녹이면서 재빨리 섞어주세요.

소고기안심
카레

재료   소고기(안심) 200g, 양파(大) 1/2개, 감자 2개, 당근 1/3개, 카레가루 1봉지, 물 700㎖, 우유 1~2큰술

양파를 비롯한 채소들은 먹기 좋게 썰어주세요.

소고기는 썰어서 키친타월로 핏물을 제거해주세요.

냄비에 오일을 조금 둘러 소고기를 달달 볶아주세요.

볶은 소고기에 양파, 당근, 감자를 넣고 같이 볶아주다가 분량의 물을 넣고 채소를 익혀주세요.

채소가 거의 익으면 불을 끄고 카레가루를 넣고 잘 섞어준 뒤, 다시 불에 올려 끓여주세요.

마지막에 우유를 1~2큰술을 넣고 끓여주세요.

소고기
장조림

재료	소고기(장조림용) 500g, 청주 2큰술, 대파 1대, 건홍고추 1개, 마늘 6쪽, 통후추 조금
장조림 양념	소고기 삶은 육수 2컵, 간장 7큰술, 설탕 2큰술, 생강(저민 것) 조금

소고기는 찬물에 담가 핏물을 제거해주세요.

소고기가 잠길 정도로 물을 붓고 끓인 뒤, 통후추, 청주, 건홍고추, 대파, 소고기를 넣고 삶아주세요. 푹 삶은 소고기는 식혀서 결대로 찢거나 너무 가늘지 않게 채썰어주세요.

소고기육수는 2컵만 남기고 면보에 걸러주세요. 장조림 양념 재료를 냄비에 넣고 젓다가 설탕이 완전히 녹으면 불을 켠 뒤 저민 생강을 넣고 끓여주세요.

장조림 양념이 끓어오르면 준비해둔 소고기를 넣고, 약불에서 은근히 조려주세요. 중간중간 장조림국물을 끼얹어주시고요. 어느 정도 조려지면 마늘을 넣고 좀더 조려준 뒤 불에서 내리면 된답니다.

신김치
돼지불고기

재료	돼지고기(불고기용) 550g, 신김치 350g, 양파 1/2개, 대파 1/2대
돼지고기 밑간	청주 1½큰술
불고기 양념	고추장 3큰술, 고춧가루 1큰술, 간장 1큰술, 설탕 1½큰술, 미림 1큰술, 다진 마늘 1½큰술, 다진 생강 1작은술, 다진 청양고추(소) 1개, 후춧가루 1/4작은술

돼지고기는 먹기 좋게 썰어 청주를 넣고 섞어준 뒤 체에 받쳐 주세요.

분량의 재료대로 양념을 만들어 볼에 돼지고기와 함께 넣고 조물조물 무쳐준 뒤 1시간 이상 재워두세요.

신김치는 속을 털어내고 김칫국물도 꼭 짜준 뒤 기호에 맞게 썰어주세요.

양념에 재워두었던 돼지고기와 신김치를 볼에 넣고 섞어준 뒤 10분 정도 그대로 두세요. 이때 양파는 채썰고 대파는 어 슷하게 썰거나 송송 썰어 준비해두세요.

달군 팬에 오일을 조금 두르고, 섞어두었던 재료를 넣고 달 달 볶아주세요.

고기가 어느 정도 익으면 채썬 양파를 넣고 볶아주세요. 신 김치까지 부드럽게 익으면 대파를 넣고 센불에서 휘리릭 볶 아주세요.

약고추장

재료　　소고기(간 것) 100g, 청주 1큰술, 다진 마늘 1큰술, 후춧가루 1/4작은술, 잣 조금, 고추장 1컵, 다시마물 3큰술, 꿀 1큰술, 참기름 1작은술

소고기는 키친타월에 올려 핏물을 제거해준 뒤 다진 마늘, 청주, 후춧가루를 넣고 조물조물 밑간해주세요.

고추장에 다시마물 3큰술을 넣고 미리 부드럽게 해주세요. 다시마물이 없으면 물로 해도 괜찮아요.

달군 팬에 오일을 조금 두르고, 밑간해둔 소고기를 달달 볶아주세요.

소고기가 반쯤 익으면 다시마물을 섞은 고추장을 넣고, 중약불에서 8~10분 정도 볶아주세요.

마지막에 꿀과 참기름을 넣고, 섞으면서 한 번 더 볶아주면 완성입니다.

양배추
강황쌈밥

재료	양배추 1/2통, 강황밥 1 ½ 공기, 미나리(줄기) 조금, 소고기(간 것) 150g
쌈장	된장 4큰술, 마요네즈 1큰술, 다진 마늘 1작은술, 청양고추 1/2개, 깨소금 1큰술
소고기 밑간	청주 1큰술, 참기름 1큰술, 소금 조금, 후춧가루 조금

양배추는 한 잎, 한 잎 떼어내 깨끗이 씻은 뒤 김 오르는 찜기에 쪄주세요. 다 쪄지면 줄기 부분을 제거하고 돌돌 말았을 때 한입 크기가 될 수 있게 하여 직사각형 모양으로 잘라주세요.

미나리 줄기 부분을 끓는 물에 데쳐주세요.

밑간해둔 소고기를 달군 팬에 오일을 조금 두르고 달달 볶아주세요.

고기가 다 익으면 강황가루를 넣어 지은 밥 한 공기 반을 넣고 볶아주세요. 소금으로 간을 하시면 됩니다.

볶아놓은 밥을 한입에 먹을 수 있게 알맞은 크기의 직사각형 모양으로 만들어주세요.

양배추 위에 밥을 올리고 돌돌 말아준 다음, 데친 미나리줄기로 묶어주면 됩니다. 밥에 간이 되어 있어서 그냥 먹어도 되고 쌈장을 만들어 밥 위에 살짝 올려놓고 먹어도 됩니다.

오리불고기

재료	생오리고기(슬라이스) 600g, 양파 1/2개, 새송이버섯 2개, 당근 1/2개, 대파 1대, 영양부추 조금
오리고기 밑간	양파즙 1큰술, 후춧가루 조금
양념	고추장 3큰술, 고춧가루 1큰술, 간장 1큰술, 다진 마늘 1큰술, 청주 1큰술, 올리고당 1큰술, 황설탕 1큰술, 참기름 1작은술, 후춧가루 1/4작은술

오리고기는 먼저 키친타월에 올려 핏물을 제거해준 뒤 밑간을 해두세요.

양파와 새송이버섯, 당근을 먹기 좋게 잘라주세요.

분량의 양념대로 양념을 만들어 미리 손질한 채소, 밑간한 오리고기와 함께 버무려주세요.

달군 팬에 양념된 오리불고기를 넣고 볶아주세요.

오리고기와 채소가 거의 익었을 때 어슷하게 썬 대파랑 적당한 크기로 자른 영양부추를 넣어주세요.

케첩양념
돼지불고기

재료	돼지고기(앞다릿살) 500g, 팽이버섯 2팩, 대파 1대, 들기름 1큰술, 오일 조금, 통깨 조금
양념	고춧가루 1큰술, 청양고춧가루 1큰술, 토마토케첩 4큰술, 핫소스 3큰술, 다진 마늘 1½큰술, 설탕 1큰술, 조청 1큰술, 미림 1큰술, 후춧가루 1/2작은술

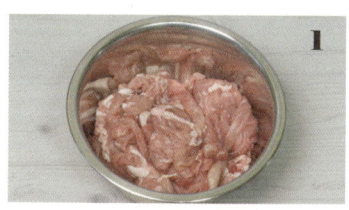

돼지고기는 얇게 썰어주세요.

분량의 재료대로 양념을 만들어 돼지고기에 넣고 조물조물 무쳐 30분 이상 재워두세요.

달군 팬에 오일을 조금 두르고 양념한 돼지고기를 달달 볶아 주세요.

돼지고기가 거의 익으면 밑동 자른 팽이버섯과 어슷하게 썬 대파를 넣고 볶아주세요. 마지막으로 들기름을 두르고 센불 에서 휘리릭 볶아 불에서 내려주세요.

파프리카
오리안심볶음

재료	오리고기(안심) 180g, 빨강노랑파프리카 1/2개씩, 양파 1/2개, 셀러리(줄기) 1/2대, 마늘 10알, 오일 1큰술
오리고기 밑간	청주 1작은술, 후춧가루 약간
볶음소스	케첩 2큰술, 바비큐소스 1큰술, 간장 1작은술, 설탕 2큰술, 마늘가루 1/2작은술

오리고기는 밑간해서 10분 정도 재워두세요.

채소는 취향대로 먹기 좋게 썰어주세요.

달군 팬에 오일을 두른 뒤 마늘을 넣고 달달 볶아주세요.

마늘이 반 정도 익으면 양파, 오리고기, 셀러리를 넣고 볶아주세요.

오리고기가 반 정도 익으면 빨강노랑파프리카와 분량의 재료대로 만든 볶음소스를 넣고 볶아주세요.

팽이버섯
불고기

재료	돼지고기(목살) 500g, 팽이버섯 2팩, 홍고추 1개, 대파 1/2대, 통깨 조금
돼지고기 밑간	청주 2큰술
양념	고추장 3½큰술, 고춧가루 1큰술, 간장 1큰술, 고추랑참치액 1큰술, 설탕 3큰술, 다진 마늘 1½큰술, 참기름 1큰술, 후춧가루 1/2작은술

돼지고기는 살짝 얼려 먹기 좋게 썰어 청주를 넣고 섞어준 뒤 체에 받쳐 핏물을 빼주세요. 핏물이 빠지는 동안 양념을 만들어주세요. 그런 다음 핏물 뺀 돼지고기에 양념을 넣고 조물조물 섞어, 1시간 이상 재워두세요.

팽이버섯은 밑동을 자르고, 홍고추는 반으로 잘라 씨를 털어내고 채썰어주세요. 대파는 송송 썰어주시고요. 채소는 미리 손질하지 말고, 재워두었던 고기를 꺼내 볶을 때 손질하면 돼요.

달군 팬에 오일을 살짝 둘러준 뒤, 재워두었던 돼지고기를 넣고 달달 볶아주세요.

고기가 어느 정도 익으면 팽이버섯을 넣고 볶아주세요. 마지막에 홍고추와 대파를 넣어주시면 됩니다.

고추랑참치액

감칠맛과 매운맛을 동시에 찾을 수 있는 제품으로 국, 찌개, 볶음, 매운탕 등 여러 요리의 양념으로 사용할 수 있는 매운 소스.

현미제육덮밥

재료	돼지고기(불고기용) 500g, 현미밥 3공기, 대파 1대, 오일 조금
양념	고추장 2큰술, 고춧가루 1½큰술, 간장 1½큰술, 다진 마늘 2큰술, 다진 파 2큰술, 다진 청양고추 1개, 생강즙 1/2작은술, 청주 1큰술, 참기름 1큰술, 설탕 1큰술, 올리고당 1작은술, 후춧가루 1/4 작은술

돼지고기에 분량의 재료대로 양념을 만들어 넣으세요.

돼지고기와 양념을 조물조물 잘 섞어준 뒤 25~30분 정도 재워두세요.

달군 팬에 오일을 조금 두르고, 재워둔 고기를 넣고 달달 볶아주세요.

마지막에 대파를 어슷하게 썰어 넣고 볶아주면 ok! 따끈한 현미밥 위에 제육덮밥을 예쁘게 얹어 내놓으세요.

Part 2

고기가 들어간 국과 찌개는 최고의 보양식!
보글보글 끓는 소리만 들어도 힘이 솟는 것 같다.

언제 먹어도 좋은

뜨끈한 고기요리

갈비탕

재료   소갈비 1kg, 물 11컵, 당면 120g, 무 1/4토막, 대파 3대, 달걀 1개, 청주 2큰술, 국간장 조금, 소금 조금

갈비는 1시간 정도 물에 담가 핏물을 빼주세요.

핏물을 뺀 갈비를 끓는 물에 넣고 부르르 끓여 물기를 제거한 뒤 잔 칼집을 내주세요.

냄비에 분량의 물, 칼집 낸 갈비, 대파 2대, 청주를 넣고 끓여주세요. 처음에는 센불에서 끓이다가 한소끔 끓은 뒤 약한 불로 은근히 무르도록 끓여주세요.

고기와 대파는 건져내고, 국물은 찬 곳에 두었다가 기름을 건어내 주세요.

무는 먹기 좋게 썰고, 당면은 물에 담가 불려주세요.

기름을 건어낸 국물에 국간장으로 간을 한 뒤 갈비, 무를 넣고 끓여주세요. 무가 어느 정도 익으면 당면을 넣고 마지막에 간을 보면 됩니다.

감자탕

재료	돼지등뼈나 목뼈 1kg, 감자(중) 4개, 물 4L, 우거지 한 줌, 깻잎 10장, 들깻가루 3~4큰술, 대파 1대, 청양고추 1개, 홍고추 1개
삶을 때	양파 1/2개, 마늘 10알, 된장 1큰술, 생강 1톨, 대파 1대
우거지 양념	고춧가루 4큰술, 다진 마늘 3큰술, 청주 2큰술, 국간장 1큰술, 후춧가루 1/4작은술

돼지 뼈는 3시간 정도 찬물에 담가 핏물을 빼주세요. 중간중간 물을 여러 번 갈아주어야 합니다.

핏물을 제거한 돼지 뼈를 끓는 물에 넣고 10분 정도 데친 뒤, 찬물에 담가 여분의 불순물을 제거해주세요.

냄비에 물 4L를 붓고 돼지 뼈를 넣어주세요. 돼지 뼈 삶을 재료를 모두 넣고 끓여주세요. 끓으면 중약불로 줄여 2~3시간 정도 푹 끓여주세요.

미리 데쳐둔 우거지에 우거지 양념을 만들어 넣고 조물조물 무쳐주세요. 깻잎은 깨끗하게 씻어 꼭지를 떼어내고 반으로 잘라주세요. 감자는 껍질을 벗겨 반으로 잘라 가장자리를 정리해주세요. 대파, 청양고추, 홍고추는 어슷하게 썰어주세요.

돼지 뼈가 어느 정도 푹 끓여졌으면 삶을 때 넣었던 채소들은 모두 건져내주세요. 감자와 양념한 우거지를 넣고, 감자가 익을 때까지 약 30~40분 동안 은근히 끓여주세요.

마지막에 들깻가루, 대파, 청양고추, 홍고추를 넣고 한소끔 더 끓여주세요. 간이 심심하다면 국간장과 소금으로 간을 해주세요.

강황돼지고기 보쌈

재료	돼지고기(앞다릿살) 500g, 강황가루 5큰술
삶을 때	물 7컵, 된장 1작은술, 청주 2큰술, 대파 1대, 건홍고추 1개, 월계수잎 3~4장, 정향 조금
강황소스	강황가루 1큰술, 고운 고춧가루 1작은술, 사과식초 1큰술, 새우젓 1큰술, 다진 파 1작은술, 검은 깨 1작은술

돼지고기는 미리 찬물에 담가 핏물을 빼주세요.

핏물을 제거한 돼지고기를 달군 팬에 기름 없이 사방으로 돌려가며 노릇노릇하게 구워주세요.

물을 끓이다가 팔팔 끓으면 삶을 때 넣는 재료와 미리 노릇하게 구워두었던 돼지고기를 넣고 약 30분 정도 끓여주세요.

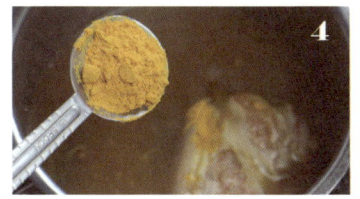

돼지고기가 반 정도 익으면 강황가루를 넣고 약 20분 더 끓여주면 됩니다. 이때 불의 세기는 중약불로 해주세요.

달래장소스
수육

재료	돼지고기(수육용) 500g
삶을 때	건홍고추 1개, 대파 1/2대, 생강 1쪽, 청주 1큰술, 통후추 10알, 정향 조금
달래장소스	달래 다진 것 2큰술, 다진 마늘 1큰술, 다진 생강 1/2작은술, 고추기름 1큰술, 간장 1큰술, 현미식초 2큰술, 참기름 1작은술, 청주 1작은술, 통깨와 검은깨 1작은술

냄비에 돼지고기가 잠길 정도의 물을 부어 삶을 때 넣는 재료를 모두 넣고 끓이세요.

물이 팔팔 끓으면 돼지고기를 넣고 삶아주세요. 한소끔 끓고 나면 불을 중약불로 줄여 삶으면 돼요.

고기를 삶을 동안 달래를 깨끗하게 씻어 잘게 다져서 달래장 소스를 만들어주세요.

잘 삶아진 수육은 먹기 좋게 썰어 접시에 담고, 그 위에 달래 장소스를 뿌려주세요.

국 찌개

05

닭고기
김치찜

재료	토막 낸 닭고기 800g, 신김치 1/2포기, 양파 1개, 대파 1대, 청홍고추 1개씩, 다시마물 6컵, 생강 1톨
양념	고추장 2큰술, 고춧가루 3큰술, 고추랑참치액 2큰술, 다진 마늘 2큰술, 청주 1큰술, 설탕 2큰술, 후춧가루 1/4작은술

생강을 저며 넣고 끓인 물에 닭고기를 데친 다음, 찬물에 헹궈 여분의 불순물을 제거하고 군데군데 칼집을 내주세요.

분량의 재료대로 양념을 만들어 닭에 잘 버무린 뒤 20분 정도 재워두세요.

잘 익은 신김치 반 포기를 속을 털어내고 냄비 밑바닥에 조금 깔고, 나머지 김치는 중앙에 놓아주세요. 그 옆으로 양념한 닭고기를 넣고 다시마물을 부어 끓여주세요.

양파는 채 썰고 청홍고추는 어슷하게 썰어놓으세요.

팔팔 끓으면 채 썬 양파를 넣고 불을 중불이나 약불로 줄여 은근히 끓여주세요. 마지막에 대파, 청홍고추를 넣고 센불로 한소끔 더 끓여주세요. 이때 맛을 보고 기호에 맞게 간을 맞추면 됩니다.

도가니탕

재료　도가니 1덩이, 사태나 양지 300g, 마늘 7알, 생강 1톨, 대파 2대, 물 15컵, 물 3컵, 불린 당면 1줌
（기호에 맞게）

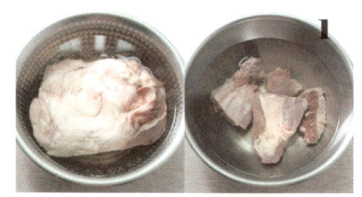

도가니와 사태는 찬물에 2~3시간 담가 중간중간 물을 갈아
주면서 핏물을 빼주세요.

끓는 물에 도가니를 넣고 센불에서 끓인 뒤, 그 물은 버려
주세요. 물 15컵에 도가니를 넣고 센불에서 끓이다가 끓어
오르면 25분 정도 더 끓인 뒤 중약불로 낮춰 은근히 끓여주
세요.

2시간 정도 끓여 뽀얀 국물이 나올 때 사태, 대파, 생강, 마늘,
물 3컵을 넣고 1시간 정도 더 끓여주세요. 다 끓었으면 대파,
생강, 마늘을 먼저 건져낸 뒤, 도가니와 사태를 건져내 한 김
식히고 먹기 좋게 썰어주세요. 먹을 때 도가니국물, 고기, 미
리 불려둔 당면을 넣고 한 번 더 끓여 드시면 됩니다.

※ 사태와 대파, 생강, 마늘을 넣고 끓일 때 무도 함께 넣고 끓이면 좋아요.

117

돼지고기
고추장찌개

재료	돼지고기(찌개용) 300g, 감자(대) 3개, 애호박 1/4개, 두부 1/2모, 대파 1/2대, 청양고추 1개, 홍고추 1개, 멸치육수 4컵, 오일 1작은술
양념	고추장 2½큰술, 고춧가루 1작은술, 간장 1큰술, 미림 1큰술, 다진 마늘 1큰술, 다진 생강 1작은술, 깨소금 1/2작은술, 후춧가루 1/4작은술

돼지고기는 찌개용으로 준비해 먹기 좋은 크기로 잘라놓고, 분량의 재료대로 양념을 만들어 반을 돼지고기에 버무려 10분 정도 재워두세요.

감자를 비롯한 나머지 재료들을 알맞은 크기로 잘라주세요.

달군 팬에 오일을 두르고, 재워두었던 돼지고기를 달달 볶아주세요.

감자와 멸치육수를 넣고 끓여주세요.

돼지고기와 감자가 익으면 두부, 애호박, 남겨둔 양념을 넣고 끓여주세요.

마지막에 대파, 청양고추, 홍고추를 넣고 센불에서 한소끔 더 끓여주세요. 청양고추 대신 풋고추를 넣어도 돼요.

돼지고기
김치찌개

재료	삼겹살 300g, 잘 익은 김치 300g, 양파 1/2개, 두부 1/2모, 대파 1대, 애느타리버섯 1/2팩, 청홍고추 1개씩, 고춧가루 1큰술, 멸치다시마육수 900㎖, 소금과 간장 약간
삼겹살 밑간	참치액 1큰술, 고춧가루 1큰술, 다진 마늘 1큰술, 청주 1작은술, 후춧가루 조금

삼겹살은 먹기 좋게 잘라 분량의 밑간 재료를 넣고 30분 정도 미리 재워두세요. 두부를 포함한 재료들을 알맞은 크기로 썰어주세요.

오일을 두르고 밑간해둔 삼겹살을 볶아주세요.

잘 익은 신김치를 넣고 달달 볶다가 분량의 멸치다시마육수를 붓고 끓여주세요. 삼겹살과 신김치가 거의 다 익을 때쯤 청홍고추와 대파를 제외한 나머지 재료를 넣고 고춧가루도 넣어 끓여주세요.

마지막에 간을 한번 보고, 대파와 청홍고추를 넣어 마무리하면 됩니다.

참치액

국이나 찌개, 무침, 소스, 불고기 양념, 육수 등 다양하게 사용할 수 있습니다.

돼지고기
표고버섯찜

재료	돼지갈비 1kg, 표고버섯(大) 5개, 치즈떡볶이떡 200g, 건홍고추 1개, 홍고추 1개, 청양고추 1개
데칠 때	청주 2큰술, 월계수잎 4장, 통후추 1작은술
양념	간장 5큰술, 올리고당 2큰술, 설탕 1큰술, 다진 마늘 1½큰술, 다진 파 1큰술, 생강즙 1큰술, 깨소금 1큰술, 참기름 1큰술, 고추기름 1큰술, 미림 2큰술, 후춧가루 1/2작은술, 다시마물이나 물 1컵

돼지갈비는 찬물에 담가 핏물을 빼주세요. 돼지갈비가 잠길 정도의 끓는 물에 데칠 때 넣는 재료를 넣고 한소끔 더 끓인 뒤 핏물을 제거한 돼지갈비를 넣고 데쳐주세요. 데친 돼지갈비를 찬물로 헹구어 여분의 불순물을 제거하고 중간중간 칼집을 내주세요.

표고버섯은 너무 가늘지 않게 채썰어주세요. 건홍고추는 어슷어슷 썰고, 홍고추와 청양고추는 총총 썰어주세요.

냄비에 표고버섯, 돼지갈비, 건홍고추를 넣고 양념을 만들어 넣어주세요. 양념이 잘 배게 섞은 다음 30분 이상 재워두세요.

재워두었던 갈비에 다시마물을 붓고 센불에서 끓여주세요. 한번 끓으면 불을 중약불로 낮춰 돼지갈비가 충분히 익을 때까지 끓여주세요.

돼지갈비가 다 익을 때쯤 치즈떡볶이떡을 찬물에 한 번 씻어준 뒤 홍고추와 함께 넣고, 센불에서 치즈떡볶이떡이 말랑해질 때까지 끓여주세요. 청양고추 1개를 넣으면 더 맛있어요.

돼지고기 콩비지찌개

재료 돼지고기(찌개용) 150g, 콩비지 150g, 신김치 120g, 참기름 1큰술, 고춧가루 1큰술, 다진 마늘
1큰술, 다시마물 450㎖, 대파 1/2대, 청홍고추 1개씩, 새우젓 1큰술(가감)

김치는 속을 털어내고 송송 썰어주세요. 청홍고추는 어슷하
게 썰고, 대파도 어슷어슷 썰어주세요.

달군 뚝배기에 참기름을 두르고, 돼지고기, 신김치, 고춧가
루를 넣고 달달 볶아주세요.

거기에 다시마물을 넣고 끓여주세요.

고기와 신김치가 어느 정도 익으면, 콩비지를 넣고 약불에서
은근히 끓여주세요.

마지막에 새우젓, 어슷하게 썰어둔 대파, 청홍고추를 넣고
끓이면 됩니다.

등갈비
묵은지찜

재료	등갈비 800g, 묵은지 1/4포기, 청홍고추 1개씩, 대파 1/2대, 다시마물 5컵
데칠 때	물 6컵, 청주 2큰술, 생강 1톨, 통후추 1작은술
양념	고춧가루 3큰술, 참치액 1작은술, 다진 마늘 2큰술, 청주 1큰술, 김칫국물 3큰술, 후춧가루 1/4작은술

등갈비는 잘라서 찬물에 담가 핏물을 제거해주세요. 냄비에 등갈비 데칠 때 넣는 재료를 모두 넣고 물을 끓여주세요. 생강은 편 썰어서 넣어주세요.

물이 끓으면 핏물을 제거한 등갈비를 넣고 데쳐주세요. 데쳐낸 등갈비는 물에 헹궈 여분의 불순물을 제거해주세요. 분량의 양념대로 등갈비양념을 만들어 등갈비에 넣고 섞어준 뒤 30분 정도 재워두세요.

묵은지는 양념을 털어낸 뒤 반으로 나눠주세요. 냄비에 묵은지, 양념 등갈비, 묵은지 순으로 담아주세요. 다시마물을 붓고 끓여주세요. 센불에서 끓이다가 한소끔 끓으면 약불로 낮추어 은근하게 30분 이상 푹 끓여주세요.

대파, 청홍고추는 어슷어슷 썰어 마지막에 넣고 센불로 휘리릭 끓여주세요.

참치액

찌개나 찜 요리에 참치액을 사용하면 감칠맛을 더해줍니다.

매운닭찜

재료	토막 낸 닭 600g, 감자 2개, 당근 1개, 대파 1대, 홍고추 1개, 표고버섯 2개, 다시마물 2~3컵, 생강 1톨
양념	고추장 1큰술, 매운 고추장 1큰술, 간장 2큰술, 고춧가루 2큰술, 맛술 1큰술, 설탕 1큰술, 참기름 1작은술, 다진 청양고추 1개, 다진 마늘 1큰술, 생강가루 1/2작은술, 후춧가루 1/4작은술

토막 낸 닭은 깨끗이 씻어 편 썬 생강 넣고 끓인 물에 데쳐주세요. 그런 다음 여분의 기름기를 제거하고 살집이 많은 곳은 칼집을 내주세요.

미리 만들어둔 양념을 데친 닭이랑 함께 버무려 미리 밑간을 해서 1시간 정도 재워두세요.

감자와 당근은 먹기 좋게 썰어서 가장자리를 정리해주세요. 표고버섯은 밑동을 잘라내어 채썰고 홍고추와 대파는 어슷어슷 썰어주세요.

달군 팬에 오일을 조금 두르고, 미리 밑간해둔 닭을 넣어 달달 볶아주세요. 여기에 감자, 당근, 표고버섯을 넣고 버무리듯 볶아주세요.

다시마물 2컵을 넣고 끓이다가 보글보글 끓을 때 나머지 1컵을 간을 보며 추가해주세요.

마지막으로 대파와 홍고추를 넣고 한소끔 더 끓여주세요.

매콤돼지
갈비찜

재료	돼지갈비 550g, 양파 1/2개, 당근 1/2개, 애느타리버섯 1/2팩, 꽈리고추 1개, 생강 1톨, 물 2컵
매콤 양념	고추장 2큰술, 고춧가루 1큰술, 간장 3큰술, 고추랑참치액 1큰술, 설탕 2큰술, 생강가루 1/4작은술, 다진 마늘 1큰술, 후춧가루 1/4작은술

돼지갈비는 찬 물에 담가 핏물을 빼주세요.

핏물을 뺀 돼지갈비는 생강을 저며 넣고 끓인 물에서 1분 정도 센불에서 끓인 뒤 찬물에 헹궈 물기를 빼주세요.

분량의 재료대로 양념을 만들어 물기 뺀 돼지갈비에 2/3 정도 넣고 버무려 2시간 정도 재워두세요. 그런 다음 재워두었던 돼지갈비를 팬에 담고 물 2컵을 부어 끓여주세요.

채소를 알맞게 손질해주세요.

돼지갈비가 2/3 정도 익었으면, 손질한 채소와 나머지 양념을 넣고 채소가 익을 때까지 끓여주세요.

※ 좀더 화끈한 매운 맛을 원하신다면 양념에 고추랑참치액을 더 추가하거나 청양고추를 다져 넣으세요.

미강
청국장찌개

재료   소고기(양지) 100g, 청국장 200g, 신김치 150g, 미강 2큰술, 두부 1/3모, 청홍고추 1개씩, 대파 1대, 다진 마늘 1큰술, 고춧가루 1작은술, 쌀뜨물 3컵, 오일 조금

소고기 양념   국간장 1작은술, 다진 마늘 1작은술, 참기름 1작은술, 후춧가루 1/4작은술

소고기는 먹기 좋게 썰어서 밑간 양념에 재워두세요.

두부와 채소들은 기호에 맞게 썰어주세요.

달군 팬에 오일을 두른 뒤 키친타월로 살짝 닦아내고, 밑간한 소고기, 신김치, 고춧가루를 넣고 달달 볶아주세요.

쌀뜨물을 붓고 끓여주세요.

소고기와 신김치가 잘 어우러지면 청국장을 넣으세요.

청국장이 풀어지면 두부, 대파, 청홍고추, 다진 마늘, 미강을 넣고 끓여주세요.

소갈비무찜

재료	소갈비 500g, 표고버섯 4개, 당근(소) 1개, 무 2줌, 대추 5개
양념	간장 5큰술, 설탕 1½큰술, 다진 마늘 1큰술, 양파즙 3큰술, 배즙 2큰술, 물 1컵, 참기름 1큰술, 깨소금 1큰술, 후춧가루 1/4작은술

소갈비는 찬물에 담가 핏물을 빼주세요. 중간에 물을 2~3번 갈아주어야 합니다.

핏물을 제거한 소갈비는 냄비에 물 3컵을 붓고 끓인 뒤 데쳐주세요. 데쳐낸 소갈비는 군데군데 칼집을 내주세요.

무와 당근은 가장자리를 정리해주고, 표고버섯은 먹기 좋게 썰어주세요. 대추도 준비해놓고요.

냄비에 소갈비와 손질한 채소를 담고 분량의 재료대로 양념을 만들어 넣고 끓여주세요. 처음에는 센불에서 끓이다가 보글보글 끓으면 중불, 약불로 낮추어 은근히 끓여주세요.

소고기
감자미역국

재료　소고기(국거리용) 200g, 미역 20g, 감자(소) 3개, 참기름 1큰술, 다진 마늘 1큰술, 참치액젓 1큰술, 국간장 1큰술, 물 7컵, 소금 약간

미역은 찬물에 불린 뒤 깨끗하게 씻어 물기를 빼주세요. 소고기는 키친타월을 이용해 핏물을 제거해주세요.

달군 팬에 참기름을 둘러 다진 마늘을 넣고 달달 볶아주세요. 핏물을 제거한 소고기를 넣고 볶다가 불린 미역을 함께 넣고 볶아주세요.

분량의 물, 참치액젓, 국간장을 넣고 끓여주세요. 센불에서 끓이다가 한소끔 끓으면 중약불로 줄여 15분 정도 끓여주세요. 중간중간 거품을 제거해주시고요.

감자는 미리 준비하지 마시고, 국에 넣을 때쯤 썰어서 전분기를 빼두세요.

감자를 넣어 익을 때까지 끓여주세요. 마지막 간은 소금으로 하면 됩니다.

소고기감자
애호박찌개

재료　소고기(양지) 150g, 감자(대) 2개, 애호박 1/3개, 두부 1/3모, 대파 1/3대, 청양고추 2개, 홍고추 1개, 참기름 1큰술, 다진 마늘 1큰술, 멸치육수 3컵, 고추장 1큰술, 고춧가루 1작은술, 소금 조금, 국간장 조금

감자는 깍둑 썰어서 찬물에 담가 전분기를 없앤 뒤 물기를 빼 주세요. 두부는 나박 썰고 애호박은 반달 모양이나 부채꼴로 썰고 소고기도 알맞게 썰어주세요.

달군 팬에 참기름을 두르고 소고기를 달달 볶다가 감자를 넣고 볶아주세요.

멸치육수에 고추장과 고춧가루를 섞어 냄비에 붓고 감자가 익을 때까지 끓여주세요. 감자가 익으면 두부와 애호박을 넣고 끓여주세요.

마지막에 대파, 청양고추, 홍고추를 넣고 소금이나 국간장으로 간을 맞춰주세요.

소고기느타리 버섯무국

재료	소고기(국거리용) 250g, 무 200g, 느타리버섯 200g, 대파(초록 부분) 1대, 국간장 1큰술, 참기름 1큰술, 물 6컵, 소금 약간
소고기 밑간	국간장 1작은술, 다진 마늘 1큰술, 참기름 1작은술, 후춧가루 1/4작은술

소고기에 분량의 밑간 재료를 넣고 조물조물 주물러 간이 배게 해주세요.

느타리버섯은 끓는 물에 데쳐 결대로 찢어주세요. 무는 먹기 좋게 잘라놓고, 대파 초록 부분은 쫑쫑 썰어주세요.

달군 냄비에 참기름을 두르고 밑간해둔 소고기를 달달 볶다가, 무와 느타리버섯을 넣고 물을 부은 뒤 국간장을 넣고 끓여주세요. 한 번 끓어오르면 불을 중불로 낮춰 끓이면서 올라오는 거품은 걷어내주세요.

마지막에 대파를 넣어주세요.

소고기
된장찌개

재료 소고기(양지) 250g, 된장 1½ 큰술, 무 100g, 두부 1/2모, 양파 1/4개, 쥬키니호박 1/5개, 대파 1/2대, 청홍고추 1개씩, 다진 마늘 1큰술, 고춧가루 1작은술, 참기름 1작은술, 물 2컵

물 2컵에 된장과 고춧가루를 넣고 잘 풀어주세요.

무는 나박나박, 두부와 쥬키니호박, 양파는 깍둑깍둑, 청홍고추와 대파는 송송 썰어주세요.

소고기는 키친타월로 핏물을 제거한 뒤 달군 냄비에 참기름을 두르고 달달 볶아주세요.

된장과 고춧가루를 풀어놓은 물에 무를 넣고 끓여주세요.

소고기와 무가 어느 정도 익으면 두부, 양파, 쥬키니호박, 다진 마늘을 넣고 끓여주세요.

마지막에 대파, 청홍고추를 넣고 살짝 끓이면서 부족한 간은 소금으로 해주세요.

소고기뭇국

재료	소고기(국거리) 250g, 무 300g, 대파 1/2대, 물 6컵, 국간장 1큰술, 참기름 1작은술, 소금 약간
소고기 밑간	간장 1작은술, 다진 마늘 1작은술, 참기름 1작은술

소고기는 키친타월을 이용해 핏물을 빼서, 먹기 좋게 썰어 분량의 밑간 재료들을 넣고 조물조물 무친 뒤 재워두세요.

무는 조금 굵게 나박나박 썰고, 대파는 송송 썰어주세요(기호에 따라 어슷하게 썰어도 돼요.)

달군 냄비에 참기름을 두르고, 재워두었던 소고기를 달달 볶아주세요.

무를 넣고, 물을 부은 뒤 팔팔 끓여주세요. 끓어오르면 불을 낮춰 끓여주면 됩니다.

중간중간 올라오는 거품은 걷어내주세요.

마지막에 국간장과 대파를 넣고 한 번 더 끓인 뒤 불을 꺼주세요. 부족한 간은 소금으로 하시고요.

소고기
미역국

재료	소고기(양지) 300g, 미역 4줌, 참기름 1작은술, 국간장 2큰술, 소금 조금, 물 6½컵
소고기 밑간	참기름 1작은술, 다진 마늘 1/2큰술, 소금 한꼬집

미역은 10분 정도 불렸다가 씻어서 물기를 빼주세요.

소고기는 먹기 좋게 썰어 키친타월로 핏물을 제거한 뒤 밑간 양념으로 재워두세요.

달군 팬에 참기름을 두르고 밑간해둔 소고기와 미역을 함께 달달 볶아주세요.

물을 붓고 센불에서 끓이다가 한소끔 끓으면 불을 낮춰 은근 히 끓여주세요. 조금씩 생기는 거품은 걷어내고, 국간장으로 간을 한 뒤 부족한 간은 소금으로 맞춰주세요.

소꼬리찜

재료 소꼬리 1.2kg, 표고버섯 5개, 당근 1개, 무 1/4개, 대추 6개, 물 2컵, 청홍고추 1개씩, 대파 1대, 청주 1큰술, 생강 1톨, 마늘 5알, 통후추 1작은술

찜 양념 간장 10큰술, 양파 1/2개, 청양고추 1개, 청주 1큰술, 설탕 3큰술, 참기름 1큰술, 깨소금 1큰술, 다진 마늘 2큰술, 후춧가루 1/4작은술 (믹서기에 양파, 청양고추, 간장 1큰술을 넣고 먼저 갈아놓은 뒤 나머지 재료를 넣고 섞어주세요.)

소꼬리는 찬물에 담가 핏물을 빼주세요.

핏물을 뺀 소꼬리를 끓는 물에 넣고 센불에서 끓인 뒤, 그 물은 버리고 찬물에 씻어 물기를 빼주세요.

물기를 뺀 소꼬리에 물을 자작하게 붓고, 대파, 생강, 마늘, 청주, 통후추를 넣고 센불에서 30분 정도 끓여주세요.

분량의 찜 양념을 만들어 넣고 재워두세요.

표고버섯은 밑동을 잘라낸 뒤 썰어주세요. 무와 당근은 먹기 좋게 잘라 가장자리를 정리해주세요. 대추는 작은 솔로 구석구석 깔끔하게 씻어주고요.

재워두었던 소꼬리에 채소를 넣고 물을 부어 끓여주세요. 처음에는 센불에서 끓이다가 한소끔 끓으면 불을 낮춰 은근히 끓여주세요. 마지막에 청홍고추를 넣어주면 됩니다.

안동찜닭

재료	토막 낸 닭 1마리, 청주 1큰술, 참기름 1큰술, 감자 1개, 양파 1/2개, 당근 조금, 당면 40g, 팽이 버섯 1팩, 다시마물 300㎖, 대파 1개, 건홍고추 2개, 청양고추 1개, 홍고추 1개
양념	간장 5큰술, 고춧가루 2큰술, 매운 고춧가루 1작은술, 청주 1큰술, 생강즙 1큰술, 올리고당 1큰 술, 황설탕 1큰술, 참기름 1작은술, 후춧가루 1/4작은술, 다진 마늘 2큰술
캐러멜시럽	물 : 황설탕 = 1/2컵 : 1/2컵

토막 낸 닭은 끓는 물에 청주를 조금 넣고 데친 뒤, 찬물에 헹 궈 여분의 불순물을 제거해주세요. 당면은 미지근한 물에 담 가 불려주세요.

건홍고추를 어슷하게 썰어둔 뒤 달군 팬에 참기름을 두르고 닭과 함께 넣고 달달 볶아주다가, 미리 만들어두었던 양념장 과 캐러멜시럽을 섞어 넣어주세요. 다시마물을 붓고 잘 섞은 뒤 끓여주세요. 끓기 시작하면 중약불로 낮춰 10분 정도 은 근히 끓여 닭을 익혀주세요.

닭이 익을 동안 준비한 채소를 손질해주세요.

감자, 당근, 양파를 넣고 감자가 익을 정도로 중약불에서 10 분 정도 끓여주세요.

감자가 익으면 불린 당면, 대파, 청양고추, 홍고추, 팽이버섯 을 넣고 국물이 4~5큰술 정도 남을 때까지 조려주세요.

오리뼈 시래기탕

재료	오리뼈 1kg, 삶은 시래기 400g, 대파 2대, 청양고추 2개, 홍고추 1개, 팽이버섯 1팩, 깻잎 15장
오리뼈 삶을 때	청주 100㎖, 양파 1/2개, 대파 1대, 통후추 1큰술, 월계수잎 4~5장, 로즈마리 조금
양념	된장 2큰술, 고춧가루 2큰술, 국간장 2큰술, 들깨가루 3큰술, 소금 1/4작은술, 후춧가루 1/4작은술, 양파1/2개, 마늘 12알, 생강 2톨

오리뼈는 한나절 정도 찬물에 담가 중간에 물을 갈아주면서 핏물을 빼주세요. 그리고 나서 잠길 정도의 물을 붓고 오리뼈를 끓여주세요. 불순물이 올라오면 불을 끄고 물을 버린 뒤 오리뼈를 찬물에 한 번 헹궈주세요.

다시 물을 붓고, 삶을 때 넣는 재료를 넣고 30분 정도 끓여주세요.

양념은 미리 만들어두는데 양파, 마늘, 생강은 미리 믹서에 갈아주세요. 재료를 나누지 않고 한꺼번에 다 갈아도 됩니다.

삶을 때 넣었던 재료는 다 걷어내고, 오리뼈와 국물만 남겨주세요. 삶은 시래기와 미리 만들어둔 양념을 넣고 중불이나 약불에서 푹~ 끓여주세요.

팽이버섯은 밑동을 자르고 깻잎은 돌돌 말아 썰고, 대파, 청홍고추는 어슷썰기를 해주세요.

미리 준비해둔 채소를 넣고 한소끔 더 끓여주세요. 이때 간을 한 번 더 보고 국간장으로 간을 맞추면 됩니다.

우족탕

재료   우족 1개, 양파 1개, 무 1/3개, 대파 2대, 청주 적당량, 통후추 적당량

우족은 찬물에 담가 핏물을 빼주세요. 대략 5시간 정도면 되는데, 중간중간 물을 갈아주어야 해요.

냄비에 우족이 잠길 정도의 물을 붓고 끓인 뒤, 핏물을 제거한 우족을 넣고 10분 정도 파르르 끓여주세요. 끓고 나면 그 물은 버리고 우족은 여분의 불순물 제거를 위해 물로 씻어주세요.

다시 냄비에 우족의 4~5배 정도의 물을 붓고, 대파, 무, 양파, 청주, 통후추를 넣고 끓여주세요. 처음에는 센불에서 끓이다가 한소끔 끓으면 중약불로 낮추어 은근히 끓여주세요. 한 2시간 정도 끓이고 나서 우족을 포함한 양파, 대파, 무, 통후추를 걸려주세요.

우족에 붙은 살과 무는 먹기 좋게 잘라 통에 담아놓고, 양파, 대파, 통후추는 버리세요.

살을 발라낸 우족은 다시 냄비에 넣고, 물을 좀더 보충한 뒤 2시간 정도 은근히 끓여주세요. 중간중간 생기는 기름기는 걷어내 주시고요.

육개장

재료	소고기(양지) 500g, 삶은 고사리 300g, 삶은 숙주나물 200g, 대파 2대, 생표고버섯 7개, 마늘 7알, 양파 1/2개, 물 3L
채소 양념	국간장 1큰술, 참기름 1큰술
고기 양념	국간장 3큰술, 고춧가루 4큰술, 고추기름 1큰술, 다진 마늘 2큰술, 생강즙 1작은술, 참기름 1큰술, 후춧가루 1/4작은술

1 소고기는 찬물에 담가 중간중간 물을 갈면서 핏물을 빼주세요.

2 냄비에 물을 붓고 핏물을 제거한 양지, 양파, 대파 1대, 마늘을 넣고 끓여주세요. 끓기 시작하면 중약불로 줄여 계속 끓이다가, 물이 반 정도로 줄었을 때 불을 끄고 고기를 꺼내 한 김 식혀주세요. 채소를 걸러낸 육수는 식혀 위에 뜨는 기름을 제거해주세요.

3 분량의 재료대로 양념을 만들어 주세요. 양념을 미리 만들어 냉장고에서 숙성을 시키면 더 좋아요. 양념이 준비되면 양지를 결대로 찢어 양념을 넣고 버무려주세요.

4 표고버섯은 얇게 썰어 끓는 물에 데치고, 대파 1대는 먹기 좋게 썰어주세요. 대파를 제외한 채소들은 볼에 담고 국간장과 참기름으로 밑간을 해주세요.

5 달군 냄비에 참기름을 두르고 양념해놓은 양지를 볶아주세요. 어느 정도 익으면 밑간한 채소를 넣고 볶다가 육수를 붓고 처음에는 센불에서 끓이다가 부르르 끓어오르면 중약불로 은근히 끓여주세요.

6 마지막에 대파를 넣고 한소끔 더 끓인 뒤 소금이나 국간장으로 간을 해주세요.

※ **육개장에 칼국수를 넣으면 구수한 육개장칼국수가 됩니다.**

Part 3

명절, 생일, 기념일, 아이가 처음 친구를 초대한 날, 난생 처음 엄마에게 요리를 해준 날,
극적으로 화해한 날, 건강을 확인한 날,
더 기운내야 하는 날, 이밖에 모든 특별한 날에 빠질 수 없는 고기요리.

특별한 오늘을 만들어주는

즐거운 고기요리

감귤닭날개 오븐구이

재료	닭날개 500g, 우유 적당량, 전분 1~2큰술
밑간소스	감귤즙 2큰술, 청주 1큰술, 후춧가루 1/4작은술, 소금 약간
감귤소스	감귤즙 1컵, 간장 1큰술, 식초 2큰술, 설탕 2큰술, 올리고당 1큰술, 후춧가루 약간

닭날개는 30분 정도 우유에 담가 닭 특유의 비린내를 없애주세요.

우유에 담가두었던 닭날개를 깨끗이 씻어 물기를 제거한 뒤 포크로 콕콕 찔러주시거나 칼로 살짝 칼집을 내주세요.

분량의 재료대로 밑간소스를 만들어 닭날개에 붓고, 25~30분 정도 재워두세요. 밑간소스와 감귤소스에 들어가는 감귤은 믹서기에 갈아 즙만 사용합니다.

재워둔 닭날개를 체에 밭쳐 물기를 제거한 뒤 전분 1~2큰술을 넣고 섞어주세요.

220도로 예열한 오븐에서 25분 정도 구워주세요. 굽는 중간에 한 번씩 뒤집어주세요.

닭날개가 거의 익어갈 때쯤 감귤소스를 끓여주세요. 소스가 졸여져 거의 반으로 줄면 오븐에서 꺼낸 닭날개를 넣고 버무리듯이 조려주세요.

건과일립
스테이크

재료	소고기(립스테이크) 2덩이(500g), 올리브오일 4큰술+2큰술, 쥬키니호박 1/3개, 가지 1개, 방울토마토 조금, 로즈마리 조금, 허브솔트 조금
소스	시판 데미글라스소스 1캔(290g), 레드와인 1컵, 생크림 4큰술, 건블루베리 25g, 건포도 25g, 건크랜베리 25g, 머스터드소스 1큰술

립스테이크는 올리브오일 4큰술, 허브솔트, 로즈마리로 미리 밑간을 해주세요. 밑간한 립스테이크를 랩으로 싸서 냉장실에 넣어두면 되는데, 고기가 두껍다면 1시간 정도 그대로 두세요.

밑간해둔 립스테이크는 달구어진 팬에 올리브오일 2큰술을 둘러준 뒤 구워주세요.

립스테이크가 맛있게 구워질 동안 쥬키니호박과 가지는 또다른 그릴 위에 올리고 소금을 조금 뿌리면서 구워주세요.

레드와인을 소스팬에 넣고 중불로 저어가면서 졸여주는데 양이 반으로 졸아들면 시판용 데미글라스소스, 생크림, 건과일을 넣고 끓여주세요. 마지막에 머스터드소스를 넣고 한소끔 더 끓여주면 OK.

닭가슴살
과일샐러드

재료	닭가슴살 150g, 사과 1/4개, 배(大) 1/8개, 빨강노랑파프리카 1/4개씩, 적양파 1/4개, 무순 조금, 귤 1~2개
닭가슴살 밑간	화이트와인 1큰술, 소금 조금, 후춧가루 조금
발사믹드레싱	발사믹식초 2큰술, 올리브오일 4큰술, 다진 적양파 1큰술, 소금 한 꼬집, 검은깨 1/2작은술(생략 가능)

닭가슴살은 기호에 맞게 썰어놓고 화이트와인+소금+후춧가루를 뿌려 섞은 뒤 30분 정도 재워두세요. 닭가슴살 대신 닭안심으로 하셔도 돼요.

무순은 깨끗이 씻어 물기를 빼고, 사과와 배는 채 썰어주세요. 귤은 껍질을 깨끗하게 씻어 얇게 썰어주세요.

달군 팬에 오일을 조금 두르고, 밑간해둔 닭가슴살을 노릇노릇하게 구운 뒤 키친타월에 올려 기름기를 빼주세요.

얇게 썰어놓은 귤은 껍질을 벗긴 뒤 접시 맨 아래에 깔고 그 위에 손질해둔 사과, 배, 파프리카, 적양파, 무순을 기호에 맞게 올려주세요. 무순은 서로 교차해서 올려주면 더 예뻐요.

발사믹드레싱을 분량의 재료대로 만들어주세요. 과일과 채소 위에 구운 닭가슴살을 올리고, 그 위에 다시 무순을 서로 교차해서 올린 뒤 발사믹드레싱을 뿌려주면 됩니다.

닭가슴살
오일샐러드

재료	닭가슴살 160g, 캔옥수수 5큰술, 빨강노랑파프리카 1/2개씩
닭가슴살 밑간	청주 1큰술, 소금 조금, 후춧가루 조금
올리브드레싱	올리브오일 3큰술, 설탕 1큰술, 소금 1/4작은술, 식초 1½큰술, 레몬즙 1큰술

닭가슴살은 칼을 눕혀 반으로 슬라이스해준 뒤 밑간을 해두세요.

빨강노랑파프리카는 캔옥수수 크기보다 조금 크게 잘라주세요.

캔옥수수는 체에 밭쳐 뜨거운 물을 부어 여분의 불순물을 빼주세요.

달군 팬에 오일을 두르고, 밑간해둔 닭가슴살을 앞뒤로 노릇하게 구워주세요.

노릇하게 구운 닭가슴살은 먹기 좋게 잘라 키친타월에 올려 기름기를 빼주세요.

볼에 닭가슴살, 빨강노랑파프리카, 캔옥수수를 담고 올리브드레싱을 만들어 그 위에 뿌려준 뒤 섞어주세요.

닭발 치즈구이

재료	닭발 450g, 치즈 100g, 밀가루 2큰술, 청주 1큰술, 오일 1큰술, 월계수잎 조금, 로즈마리 조금, 검은깨 조금
매콤 양념	고추장 2큰술, 고춧가루 1큰술, 맵고 고운 고춧가루 1큰술, 간장 1큰술, 올리고당 2큰술, 참기름 1큰술, 다진 마늘 1½큰술, 생강가루 1/2작은술, 후춧가루 1/2큰술, 다진 청양고추 1개

닭발은 밀가루를 넣고 바락바락 문질러준 뒤 맑은 물이 나올 때까지 헹궈주세요.

닭발이 잠길 정도의 물을 끓이다가 청주, 월계수잎, 로즈마리를 넣고 한소끔 더 끓인 뒤 닭발을 넣고 데쳐주세요. 데친 닭발은 찬물에 헹구어 여분의 불순물을 제거한 뒤 물기를 빼주세요.

물기를 제거한 닭발에 매콤 양념을 만들어 넣고 섞어주세요. 그런 다음 밀폐용기에 담아 재워두세요. 아이와 함께 드신다면 매콤 양념 중에서 매운 고춧가루와 다진 청양고추를 조절해서 넣어주세요.

달군 팬에 오일을 두르고 재워두었던 닭발을 넣고 볶아주세요. 이 상태로도 맛있어요.

매콤하게 볶은 닭발을 오븐용기에 담아 그 위에 피자치즈를 올리고 검은깨를 뿌린 뒤 210도로 예열한 오븐에서 치즈가 녹을 때까지 구워주세요.

돼지갈비찜

재료   돼지갈비 1kg, 당근 1개, 양파 1/2개, 건표고버섯(슬라이스) 20g, 건홍고추 1개, 가래떡 조금, 멸치육수 2컵

양념   간장 5큰술, 매콤한 굴소스 2큰술, 참기름 1큰술, 설탕 1큰술, 올리고당 2큰술, 청주 1큰술, 다진마늘 1½큰술, 생강가루 1/2작은술, 후춧가루 1/4작은술, 깨소금 1큰술

돼지갈비는 찬물에 2시간 이상 담가 핏물을 빼주세요. 물은 중간중간 갈아주시고요.

핏물을 뺀 돼지갈비는 살이 많은 부위에 칼집을 내주세요. 팔팔 끓는 물에 청주 1큰술과 함께 칼집 낸 돼지갈비를 넣고 후르르 끓여준 뒤, 여분의 불순물을 찬물로 헹궈내고 물기를 빼주세요.

양파는 4등분으로 썰고, 당근은 한입 크기로 잘라 가장자리를 정리해주세요. 건표고버섯은 물에 불린 뒤 물기를 짜놓고, 가래떡도 먹기 좋게 자르고, 마른 홍고추는 쫑쫑 썰어준 뒤 씨를 제거해주세요.

분량의 재료대로 양념을 만들어주세요. 물기를 제거한 돼지갈비를 양념과 함께 냄비에 넣고 섞어준 뒤 1시간 정도 재워두세요.

양념한 돼지갈비에 멸치육수를 넣고 끓여주세요. 육수가 끓으면 양파, 당근, 표고버섯, 마른 홍고추를 넣고 끓이다가 한소끔 끓으면 불을 낮춰 은근히 익혀주세요.

마지막에 가래떡을 넣고 가래떡이 말랑말랑해질 때까지 좀 더 끓여주세요.

맥적

재료	목살 500g, 부추 40g(또는 달래 20g)
양념	된장 2큰술, 국간장 1큰술, 물 2큰술, 조청 2큰술, 설탕 1큰술, 청주 1큰술, 다진 마늘 1큰술, 참기름 1큰술, 깨소금 1작은술

부추는 깨끗하게 씻어 물기를 제거한 뒤 총총 썰어주세요. 부추 대신 달래를 넣어도 맛있어요.

돼지고기는 키친타월에 올려 핏물을 제거한 뒤 칼집을 내고 칼끝으로 군데군데 꼭꼭 찔러주세요.

분량의 재료대로 양념을 만들어 볼에 담고, 부추를 넣어주세요.

손질한 돼지고기를 하나씩 넣고 꼼꼼하게 양념을 발라주는데, 볼을 살짝 뉘여서 한쪽에 모아주며 양념을 발라주세요.

양념을 꼼꼼하게 발라주었다면 중앙으로 모아 손으로 꼭꼭 주물러 10~20분 정도 재워두세요.

210도로 예열한 오븐에서 20~22분 정도 구워주세요.

목살스테이크

재료	돼지고기(목살) 500g, 샐러드용 채소 2줌, 달걀 2개, 오렌지 1개, 파인애플(슬라이스) 4조각, 캔 옥수수 3~4큰술, 코코넛(슬라이스) 조금
밑간	청주 조금, 소금 조금, 후춧가루 조금
데리야키꿀소스	데리야키소스 5큰술, 꿀 1큰술, 스테이크소스 2큰술, 다진 마늘 1큰술, 설탕 1큰술, 간장 1큰술 (또는 물 조금)

돼지고기는 좀 두꺼운 목살로 준비하여 청주, 소금, 후춧가루로 미리 밑간을 좀 해두세요.

오븐을 예열하면서 오븐팬도 같이 달궈준 뒤 밑간해둔 돼지고기를 올리고 220도로 예열한 오븐에서 10분 정도 구워주세요. 이때 고기는 80% 정도 익히면 됩니다.

파인애플 조각은 물기를 빼고, 캔옥수수는 뜨거운 물을 부은 뒤 물기를 제거해주세요. 샐러드용 채소는 씻어서 물기를 제거하세요.

달군 팬에 달걀프라이를 하고, 다시 파인애플 조각을 구워주세요.

분량의 재료대로 데리야키꿀소스를 만들어서 보글보글 끓으면 오븐에서 꺼낸 돼지고기를 넣고 조려주세요. 접시에 돼지고기, 구운 파인애플, 조각낸 오렌지, 싱싱한 채소, 캔옥수수, 달걀을 올리고 채소 위에 발사믹드레싱을 뿌려준 뒤 전체적으로 코코넛슬라이스를 뿌려주면 끝.

불고기파스타

재료	소고기(불고기용) 350g, 양파 1/2개, 마늘 4알, 파스타 400g, 어린잎채소 조금, 소금 조금, 오일 조금
파스타 삶을 때	소금 1작은술, 올리브오일 조금
불고기 양념	간장 3큰술, 설탕 2큰술, 꿀 1큰술, 다진 마늘 1큰술, 다진 파 1큰술, 미림 1작은술, 참기름 1큰술, 깨소금 1작은술, 소금 1/4작은술, 후춧가루 1/4작은술

소고기는 키친타월에 올려 핏물을 빼주세요.

분량의 재료대로 불고기 양념을 만들어 소고기에 넣고 조물조물 버무려 20분 정도 재워두세요.

파스타면은 끓는 물에 소금 1작은술과 올리브오일을 조금 넣고 8분 정도 삶아 체에 밭쳐 물기를 빼주세요.

달군 팬에 오일을 조금 두른 뒤 키친타월로 닦아내고, 미리 재워두었던 불고기를 달달 볶아주세요.

달군 팬에 오일을 조금 두르고 채썬 양파와 편썰기 한 마늘을 달달 볶아주다가 양파가 투명해지면 삶아놓은 파스타를 넣고 볶아주세요. 간은 싱겁게 소금을 약간 넣어주세요. 불고기를 볶으면서 옆 불에서 같이 요리하면 좀더 편리해요. 접시에 파스타, 불고기, 어린잎 순으로 올려주면 돼요.

삼겹살샐러드

재료	돼지고기(삼겹살) 400g, 새싹채소 1팩(100g), 화이트와인 3큰술
샐러드드레싱	간장 1큰술, 다진 마늘 1½큰술, 소금 1작은술, 설탕 3큰술, 식초 4큰술, 레몬즙 1큰술, 참기름 1작은술, 통깨 1큰술

삼겹살은 화이트와인으로 미리 10분 정도 재워두세요.

새싹채소는 씻어 얼음물에 담가두었다가 물기를 제거해주세요.

삼겹살은 그릴에다 앞뒤로 노릇노릇하게 구워준 뒤 키친타월에 올려 기름기를 제거해주세요.

잘 구워진 삼겹살을 먹기 좋게 잘라, 접시에 새싹채소를 깔고 그 위에 삼겹살을 올려 먹기 직전에 샐러드드레싱을 뿌려주면 완성.

돼지고기
피자소스

| 재료 | 토마토페이스트 1캔, 케첩 150g, 돼지고기(간 것) 125g, 양파 1/2개, 다진 마늘 2큰술, 소금 1/2 작은술, 다진 바질잎 4장, 오레가노 1작은술, 핫소스 1큰술, 물 2큰술, 후춧가루 1/4작은술, 버터 1큰술 |
| 돼지고기 밑간 | 청주 1작은술, 후춧가루 조금 |

바질잎은 잘게 다져주세요. 마늘과 양파도 다져서 준비해주세요.

돼지고기는 밑간 재료를 넣고 조물조물 섞어주세요.

달군 팬에 오일을 조금 두르고, 밑간한 돼지고기를 달달 볶아 키친타월에 올려 수분을 빼주세요.

달군 팬에 버터를 녹이다가 다진 양파와 다진 마늘을 넣고 볶아주세요.

토마토페이스트와 케첩을 넣고 약불에서 저으며 섞어주다가 볶아둔 돼지고기 간 것과 후춧가루를 넣고 섞어주세요.

오레가노, 바질, 소금, 핫소스, 물을 넣고 약불에서 저으면서 끓이다가 걸쭉해지면 불에서 내려 식히면 돼요.

삼겹살피자

재료	**피자도우**	강력분 300g, 이스트 4g, 설탕 20g, 버터 20g, 우유 190g, 달걀 20g, 소금 5g, 고기피자소스 5큰술
	피자토핑	삼겹살 250g, 양파 1/2개, 청피망 1/2개, 빨강노랑파프리카 1/2개씩, 블랙올리브 조금, 피자치즈 조금, 파슬리가루 조금
삼겹살 양념		간장 1작은술, 참기름 1작은술, 후춧가루 약간

볼에 강력분을 체 쳐서 구멍 3개를 만든 뒤 이스트, 설탕, 소금을 넣고 섞어주세요. 우유와 달걀 푼 것을 조금씩 넣으면서 반죽하다가 손에 묻지 않게 되면 따뜻한 곳에서 40분 정도 1차 발효시켜주세요. 다시 덩어리 3개로 나눠 비닐로 덮고 15분 정도 중간 발효를 시켜주세요.

피자에 올라갈 토핑 재료들은 잘게 썰어주세요.

삼겹살은 먹기 좋게 잘라 끓는 물에 청주, 로즈마리, 통후추, 정향을 넣고 데쳐주세요.

데친 삼겹살은 분량대로 밑간을 해주세요.

피자반죽을 밀대로 밀어 피자팬 위에 올리고, 고기피자소스, 피자치즈, 채소, 삼겹살 순으로 올려주세요.

피자소스를 올려주고 그 위에 파슬리가루를 솔솔 뿌려주세요. 190도로 예열한 오븐에서 20분 정도 구워주세요.

샤리아핀
스테이크

재료　　소고기(안심) 250g, 양파 2개, 방울토마토 10개, 버터 1큰술, 올리브오일 1큰술, 소금 조금, 후춧
　　　　　가루 조금

소고기는 안심이나 등심을 사용하여 키친타월로 핏물을 빼
주세요. 핏물을 뺀 소고기는 고기망치로 살짝 두드려 부드럽
게 만들어주세요.

양파 1개는 강판에 갈아주고, 나머지 1개는 채썰어주세요.

갈아놓은 양파에 올리브오일을 넣고 섞어준 뒤 소고기에 버
무려 30분 정도 재워두세요.

재워둔 소고기는 달군 팬에 굽거나 그릴 위에 올려 구워주세
요. 그릴을 살짝 데워준 뒤 올려주면 더 좋아요.

달군 팬에 버터를 녹이고, 채썬 양파를 연한 갈색빛이 돌 때
까지 달달 볶아주세요. 소금, 후춧가루로 간을 해주시고요.
접시 위에 잘 구워진 소고기, 그 위에 볶은 양파를 올려주면
완성이에요.

섭산적

재료	다진 소고기 200g, 두부 100g, 잣 조금
양념	간장 2큰술, 매실청 1큰술, 설탕 1큰술, 다진 파 1큰술, 다진 마늘 1큰술, 맛술 1작은술, 참기름 1큰술, 깨소금 1작은술, 후춧가루 1/4작은술

다진 소고기는 키친타월에 올려 핏물을 제거해주세요.

두부는 면보에 꼭 짜서 물기를 제거한 뒤 소고기와 함께 볼에 넣고 살살 섞어주세요.

분량의 재료대로 양념을 만들어 넣고 끈기가 생길 때까지 치대주세요. 어느 정도 끈기가 생기면 볼을 비스듬히 해서 섭산적반죽을 딱딱 치면서 반죽해주세요.

도마 위에 시트지를 깔고 그 위에 섭산적반죽을 올려 직사각형으로 넓게 펼쳐준 뒤 칼등으로 치면서 모양을 내주세요.

오븐팬에 석쇠를 놓고 시트지 그대로 들어 팬 위에 올린 뒤, 210도로 예열한 오븐에서 15~18분 정도 구워주세요.

소갈비
사태찜

재료	소갈비 800g, 사태 500g, 감자(중) 3개, 당근(중) 1개, 건표고버섯(슬라이스) 40g, 청홍고추 1개씩, 물 10컵, 청주 2큰술, 매운 고춧가루 1큰술, 고춧가루 4큰술
찜 양념	간장 8큰술, 설탕 4큰술, 올리고당 2큰술, 다진 마늘 2큰술, 다진 파 2큰술, 참기름 1큰술, 소금 1작은술, 후춧가루 1/2작은술

갈비는 사이사이 칼집을 내준 뒤 찬물에 담가 핏물을 제거해주세요. 사태 역시 먹기 좋게 잘라 사이사이 칼집을 내준 뒤 찬물에 담가 핏물을 제거해주세요.

핏물을 제거한 갈비와 사태는 끓는 물에 넣고 데친 뒤 불순물을 제거해주세요.

냄비에 물 10컵과 매운 고춧가루, 일반 고춧가루를 넣어 섞은 뒤 끓여주세요. 고춧가루물이 끓으면 갈비, 사태, 청주를 넣고 센불로 끓이다가 중불로 낮춰 은근히 푹~ 끓여주세요.

건표고버섯은 설탕을 조금 넣은 따뜻한 물에 넣고 불려주세요. 감자, 당근은 먹기 좋게 잘라 가장자리를 정리해주고, 청홍고추는 어슷 썰어주세요.

소갈비사태찜의 국물이 반 정도 줄어들면 감자, 당근, 표고버섯과 찜 양념을 넣고 조려주세요. 어슷 썰어둔 청홍고추를 넣고 한소끔 더 끓여주면 완성입니다.

특별한 날
16

소고기
스테이크
샐러드

재료	소고기(채끝) 350g, 버터 1작은술, 올리브오일 1작은술, 양파 1/4개, 다진 마늘 1큰술, 후춧가루 1/4작은술, 어린잎채소 2줌, 방울토마토 2개, 허브솔트 조금, 로즈마리 조금
올리브레몬소스	올리브오일 6큰술, 레몬즙 3큰술, 소금 1/2작은술, 후춧가루 약간

소고기는 키친타월에 올려 핏물을 빼준 뒤 먹기 좋게 썰어 주세요. 손가락 두 마디 정도의 길이로 썰면 나중에 보기 좋아요.

어린잎채소는 깨끗이 씻어 얼음물에 담가두었다가 물기를 빼주세요.

달군 팬에 버터와 올리브오일을 두르고, 채썬 양파, 채끝, 로즈마리를 넣고 구워주세요.

양파의 숨이 살짝 죽으면 다진 마늘을 조금 넣고 허브솔트를 약간 뿌려 구워주세요. 이때 간이 너무 세지 않게 해주세요.

맛있게 구운 스테이크를 접시에 담고, 그 위에 물기 제거한 어린잎을 올려주세요. 방울토마토는 4등분해서 제일 위에 올려주고요. 올리브레몬소스는 미리 만들어두었다가 먹기 직전에 스르륵~ 뿌려주면 돼요.

소고기
어린잎샐러드

재료	소고기(채끝) 300g, 어린잎채소 1팩, 토마토 1/2개, 소금 조금, 후춧가루 조금
오리엔탈소스	올리브유 2½큰술, 간장 1큰술, 올리고당 1큰술, 식초 2큰술, 다진 마늘 1작은술, 참기름 1작은술, 후춧가루 약간

소고기는 키친타월을 이용하여 핏물을 빼주세요.

어린잎채소는 씻어서 차가운 물에 담가두세요.

소고기는 먹기 좋게 썰어 달군 팬에 소금과 후춧가루를 뿌려가며 앞뒤로 잘 구워주세요.

접시에 구운 소고기 채끝을 돌려 담고, 그 위에 물기를 제거한 어린잎채소를 올려주세요. 토마토는 중앙의 씨 부분을 제거한 뒤 잘게 다져 어린잎채소 위에 올려주세요. 분량의 재료대로 오리엔탈소스를 만들어 먹기 직전에 뿌려주세요.

소고기잡채

재료	소고기(치마살) 200g, 양파 1/4개, 청홍피망 1개씩, 표고버섯 3개, 참기름 1큰술, 통깨 1큰술, 다진 마늘 1큰술, 소금 조금, 후춧가루 조금, 오일 1큰술
소고기 양념	간장 1큰술, 청주 1큰술, 참기름 1작은술, 설탕 1작은술

1 소고기는 결대로 굵게 채썰어 양념에 미리 재워두세요.

2 양파와 청홍피망도 채 썰어주세요. 표고버섯은 밑동을 잘라 내고 채 썰어주세요.

3 달군 팬에 오일을 두르고, 양파를 넣고 볶아주세요.

4 표고버섯, 청홍피망을 넣고 살짝 섞어준 뒤 양념된 소고기를 넣고 볶아주세요.

5 마지막에 참기름과 통깨를 넣고 후다닥 마무리하면 됩니다.

소고기
크림파스타

재료 소고기(등심) 200g, 마늘 5알, 올리브오일 1큰술+1작은술, 파스타(삼색곰돌이) 135g, 빨강노랑 파프리카 1/4개씩, 생크림 200g, 파마산치즈가루 조금, 소금 조금, 후춧가루 조금

소고기는 먹기 좋게 썰어 소금, 후춧가루를 조금씩 넣고 밑간해주세요.

마늘은 살짝 굵게 편 썰고, 파프리카는 작게 다져주세요.

파스타는 끓는 물에 오일을 조금 넣고 삶아 물기를 제거한 뒤, 오일 1작은술을 넣고 섞어주세요.

달군 팬에 오일 1큰술을 두르고 마늘을 반만 넣고 향을 내준 뒤, 나머지 마늘과 밑간해둔 등심을 넣고 달달 볶아주세요.

생크림을 넣고 중불에서 걸쭉해질 때까지 은근히 끓여주세요.

미리 준비해둔 파스타와 파프리카를 넣고 조리듯 섞으면서 간을 맞춰주세요.

소고기파산적

재료	소고기(산적용) 200g, 대파(흰 부분) 2줌, 잣 조금, 꽂이 4~5개
고기 양념	간장 2큰술, 참기름 1큰술, 다진 마늘 1/2큰술, 설탕 1큰술, 깨소금 2작은술, 후춧가루 조금

소고기는 키친타월에 올려 핏물을 빼준 뒤, 6~7센티 정도로 썰어 볼에 담고, 양념의 2/3를 넣고 조물조물 밑간을 해주세요.

대파 흰 부분은 산적용 소고기보다 1~1.5센티 정도 작게 썰어, 중간을 반으로 잘라주세요. 소고기가 익으면 줄어들기 때문에 파와 길이가 맞을 거예요.

꽂이에 소고기와 대파를 번갈아가며 꽂아주세요. 꽂이는 미리 찬물에 담가두었다 사용하면 좋아요.

210도로 예열한 오븐 석쇠 위에 파산적을 가지런히 올려 18~20여 분 구워주세요. 프라이팬에 구우셔도 돼요. 그때는 달군 팬에 오일을 둘러준 뒤 키친타월로 살짝 닦고 나서 파산적을 올려 노릇하게 구워주시면 돼요. 중간에 양념도 덧발라주시고요.

중간에 한 번 뒤집어주고, 마지막 3분 정도 남았을 때 다시 뒤집어준 뒤 남겨두었던 양념을 덧발라 구워주세요.

소고기
파인애플구이
샐러드

재료	소고기(부채살) 150g, 파인애플 70g, 찹쌀가루 넉넉하게, 오일 1큰술
소고기 밑간	화이트와인 1큰술, 소금 조금, 후춧가루 조금
파인애플드레싱	파인애플 30g, 양파 45g, 올리브유 1큰술, 식초 2큰술, 레몬즙 1큰술, 설탕 1작은술, 소금 1작은술

소고기는 먹기 좋게 썰어서 고기망치로 앞뒤를 살짝 두드려 주세요.

분량의 재료대로 밑간을 한 뒤 30분 정도 재워두세요.

파인애플은 반으로 잘라 달군 팬에 앞뒤로 구워주세요.

재워두었던 소고기에 찹쌀가루를 뿌린 뒤 앞뒤로 찹쌀가루 옷을 입히고 달군 팬에 오일을 둘러 앞뒤로 구워주세요.

드레싱은 미리 만들어두지 말고, 파인애플과 소고기를 다 굽고 난 뒤 만들어주세요. 드레싱은 분량의 재료대로 믹서기에 넣고 휘리릭 갈아주면 됩니다. 접시에 담을 때는 구운 파인애플, 구운 소고기 순으로 반복해 올려주시면 돼요. 드레싱은 따로 담거나 먹기 직전에 뿌려주세요.

신김치
깨소스편육

재료	소고기(사태) 300g, 신김치 100g, 참기름 1큰술, 대파 1/2대, 마늘 4알, 저민 생강 조금, 청주 1큰술
깨소스	간장 1큰술, 설탕 1큰술, 깨소금 3큰술, 소금 1/2작은술, 다시마물 50㎖, 식초 1큰술, 후춧가루 약간

소고기를 30분 정도 찬물에 담가 핏물을 제거해주세요. 그런 다음 끓는 물에 대파, 마늘, 청주, 생강을 넣고 함께 삶아주세요. (편육은 기름기가 적고 담백한 사태를 씁니다.)

삶은 소고기는 한 김 식힌 뒤 너무 얇지 않게 썰어주세요.

분량의 재료대로 깨소스를 만든 뒤 소고기 썰어둔 볼에 담고 잘 섞어주세요.

신김치는 속을 털어내고 잘게 다진 뒤 참기름을 넣고 섞어주세요. 깨소스로 버무린 소고기 위에 신김치를 올려 함께 먹으면 됩니다.

실곤약잡채

재료　돼지고기(잡채용) 200g, 실곤약 300g, 양파(소) 1/2개, 노랑파프리카 1/2개, 당근(중) 1/4개, 오이 1개, 맛살 3줄, 사각어묵 1개, 말린 표고버섯(슬라이스) 20g, 목이버섯 3개, 레몬즙 조금, 간장 2~3큰술(가감), 소금 조금, 후춧가루 조금, 올리브오일 조금, 통깨 조금

돼지고기는 잡채용으로 준비해 청주 1작은술, 소금, 후춧가루로 미리 밑간을 해주세요.

표고버섯과 목이버섯을 물에 불린 다음, 목이버섯은 굵게 채 썰어주세요. 당근, 양파, 노랑파프리카를 채 썰어주세요. 오이는 굵은소금을 이용해 겉 부분을 비벼가면서 씻어 물기를 제거한 뒤 겉 부분만 돌려 깎아 채 썰어주세요. 맛살은 결대로 길게 찢어놓고, 사각어묵은 세로로 길게 채 썰어주세요.

실곤약은 끓는 물에 레몬즙을 넣고 데쳐 찬물에 헹궈 물기를 빼주세요.

맛살과 노랑파프리카를 제외한 나머지 재료는 각각 따로 살짝 소금 간을 하면서 볶아주세요. 밑간한 돼지고기도 팬에 올리브오일을 두르고 알맞게 볶아 키친타월에 올려 기름기를 제거해주세요.

팬에 볶은 돼지고기, 양파, 오이, 표고버섯, 목이버섯, 데친 실곤약, 간장 2~3큰술을 넣고 볶아주세요. 입맛에 따라 간장의 양을 가감해주세요.

볶은 어묵, 맛살, 노랑파프리카를 넣고 볶아주세요. 마지막으로 간을 한 번 본 뒤 기호에 맞게 소금으로 간을 맞춰주세요. 취향에 따라 참기름 1큰술을 둘러 재빨리 볶아주셔도 돼요.

안심스테이크

재료	소고기(안심) 400g, 올리브오일 2큰술, 소금 조금, 후춧가루 조금
스테이크소스	버터 2큰술, 다진 양파 3큰술, 우스터소스 2큰술, 케첩 6큰술, 레드와인 2큰술, 스테이크소스(시판) 2큰술, 설탕 1큰술, 양송이버섯 10개, 물 1/2컵(가감)

소고기는 키친타월로 핏물을 빼주세요.

올리브오일, 소금, 후춧가루로 미리 밑간을 해주세요. 소고기가 좀 두껍다면 칼집을 내주거나 칼등으로 조금 두드려주세요.

밑간해두었던 소고기를 달군 팬 위에 올려 기호에 맞게 구워주세요.

달군 팬에 버터를 녹이다가 다진 양파를 넣고 볶아주세요.

양파가 투명해지면 결대로 썰어둔 양송이버섯을 넣고 볶아주세요. 스테이크소스의 나머지 재료를 미리 섞어두었다가 넣고 조려주세요. 스테이크소스는 소고기를 구우면서 바로 옆에서 같이 만들어주세요. 잘 구워진 소고기 위에다 금방 만든 스테이크소스를 올려주시면 됩니다.

오리안심
탕수육

재료	오리고기(안심) 350g, 오이 1/3개, 당근 1/3개, 양파 1/3개, 목이버섯 5장, 파인애플(슬라이스) 2조각, 튀김오일 적당량
오리고기 밑간	간장 1/2작은술, 후춧가루 1/4작은술
튀김옷	전분 1컵, 물 1컵, 달걀흰자 1개
탕수육소스	케첩 1/2컵, 설탕 1/4컵, 식초 50㎖, 간장 1큰술, 물 250㎖, 녹말물(녹말가루, 물 각각 1큰술)

1 목이버섯은 물에 불려주세요.

2 오리고기는 간장과 후춧가루로 10분 정도 밑간을 해두세요.

3 전분과 물을 섞어 1시간 정도 그대로 두었다가 윗물은 따라 버린 뒤 밑간해둔 오리고기와 달걀흰자를 넣고 섞어주세요.

4 당근과 오이는 반달 모양으로 썰고, 양파, 파인애플, 불린 목이버섯도 취향껏 썰어주세요.

5 전분물을 묻힌 오리고기를 튀김오일에 2번 튀겨내세요.

6 소스팬에 녹말물을 제외한 탕수육소스 재료를 넣고 끓인 뒤 채소를 넣어주세요. 마지막에 녹말물을 넣고 걸쭉하게 농도를 맞춰주면 ok!

오소부코

재료　　오소부코(송아지 정강이뼈) 500g, 양파 1개, 당근(중) 1/2개, 쥬키니호박 1/3개, 양송이버섯 5개, 다진 마늘 1큰술, 올리브오일 2큰술, 화이트와인 120㎖, 육수(치킨스톡) 1컵, 토마토홀 1캔, 토마토소스 1컵, 월계수잎 2장, 로즈마리소금＋후춧가루＋밀가루 적당량

오소부코는 찬물에 담가 핏물을 빼주세요. 중간에 물도 갈아주면서요. 채소는 다져놓고, 토마토홀 속 토마토도 잘게 다져주세요.

핏물을 제거한 오소부코에 소금과 후춧가루로 밑간을 해준 뒤 밀가루옷을 입혀주세요.

달군 팬에 올리브오일 1큰술을 두르고 밀가루옷을 입힌 오소부코를 앞뒤로 노릇하게 구워 꺼내놓으세요.

오소부코를 구운 팬에 다시 올리브오일 1큰술을 넣고 다진 마늘과 다진 양파를 달달 볶다가 다른 채소를 넣고 볶아주세요.

화이트와인을 넣고 센불로 끓이면서 알코올을 날려준 뒤, 육수와 토마토홀, 토마토소스를 넣고 끓여주세요.

구워두었던 오소부코, 월계수잎, 로즈마리를 넣고 센불에 끓이다가 한소끔 끓으면 중약불로 줄여 은근히 푹~~~ 끓여주세요. 1시간 정도 끓이면서 중간중간 기름을 걷어내고, 살짝살짝 저어주세요.

육원전

재료	다진 소고기 300g, 두부 1/3모(약 100g), 달걀 3개, 밀가루 조금
육원전 양념	간장 1큰술, 참기름 1큰술, 깨소금 1큰술, 다진 마늘 1큰술, 다진 실파 2큰술, 소금 1/2작은술, 청주 1/2작은술, 후춧가루 1/4작은술

소고기는 키친타월로 핏물을 제거하고, 두부는 면보에 싸서 물기를 완전히 빼준 뒤 볼에 달걀 1개와 함께 넣어주세요.

분량의 재료대로 육원전 양념을 만든 뒤, 볼에 넣고 치대가며 완전히 섞어주세요.

한 덩어리로 뭉쳐 10분 정도 그대로 두세요.

동글동글 예쁘게 빚어주세요. 크기는 지름이 4센티 정도면 ok! 동글동글 잘 빚은 육원전에 밀가루를 묻혀주세요.

완전히 풀어준 달걀 2개에 밀가루옷을 입힌 육원전을 퐁당~ 해준 뒤

달군 팬에 오일을 살짝 두르고 구워주세요.

육전

재료	소고기(육전용) 200g, 밀가루 조금, 달걀 2개, 노른자 1개, 오일 조금
소고기 양념	간장 1큰술, 설탕 1작은술, 다진 파 1작은술, 다진 마늘 1/2작은술, 청주 1작은술, 깨소금 1/2작은술, 참기름 1/2작은술, 후춧가루 약간

소고기는 한 장 한 장 키친타월에 올려 눌러가며 핏물을 제거해주세요. (육전용 소고기는 홍두깨살, 우둔살, 채끝살 등으로 할 수 있으며, 정육점에 얘기하면 얇게 썰어준답니다.)

핏물 빠진 소고기는 양념을 만들어 한 장 한 장 겹쳐가면서 발라 10분 정도 재워두세요.

양념을 바른 소고기를 살짝 털어준 뒤 밀가루를 묻힌 다음 달걀옷을 입혀주세요.

달군 팬에 오일을 두르고 앞뒤로 노릇하게 구워주세요.

육포

재료 소고기(육포용 홍두깨살) 1kg, 청주 500㎖, 청양고추 1개

육포 양념 간장 7큰술, 설탕 4큰술, 쌀조청 2큰술, 양파즙 2큰술, 배즙 2큰술, 마늘즙 2큰술, 생강즙 1큰술, 후춧가루 1/4작은술, 참기름 2큰술, 건홍고추 1개

소고기는 키친타월, 홍두깨살, 키친타월 순으로 반복해 올려준 뒤 핏물을 빼주세요. 양손을 이용해 꾹꾹 눌러야 해요. 핏물을 제거한 소고기를 볼에 담고, 청주를 부어 뒤적인 뒤 30분 이상 재워두세요.

청주에 재워둔 고기를 체에 올려 핏물을 완전히 제거해주세요.

양념 속에 들어갈 배즙, 양파즙, 마늘즙, 생강즙은 맑은 즙만 사용하게 되므로, 모두 각각 체에 밭쳐 걸러주세요.

분량의 재료대로 육포 양념을 만들어 불에 올려 저어가면서 끓여주세요. 끓은 육포 양념은 체에 밭쳐 건홍고추와 씨를 걸러주세요. 걸려낸 육포 양념에 반으로 잘라 씨를 제거한 청양고추를 넣고 완전히 식혀주세요. 입맛에 따라 청양고추를 넣지 않아도 돼요.

육포 양념이 완전히 식으면 핏물 빠진 홍두깨살에 넣고 조물조물 버무려주세요. 육포 양념이 소고기에 흡수될 때까지 버무려주세요. 육포 양념이 잘 흡수된 소고기를 밀폐용기에 담아 하루 정도 재워두세요. 중간에 한번 뒤집어 주시고요.

재워두었던 고기는 건조기에 나란히 올려준 뒤 약 6시간 정도 건조해주시면 됩니다.

족발

재료	돼지족 2개
애벌 삶기	된장 2큰술, 청주 1/2컵, 월계수잎 3~4장, 통후추 1큰술
본격 삶기	간장 1컵, 설탕 3큰술, 맛술 2큰술, 마늘 1/2컵, 양파 1개, 대파 1대, 청양고추 3개, 건홍고추 2개, 계피나무(15센티) 1개, 생강 3톨, 올리고당 50㎖, 물 5컵

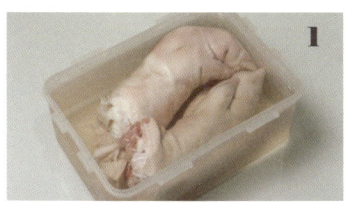

손질된 돼지족은 찬물에 담가 핏물을 제거해주세요.

냄비에 돼지족이 잠길 정도의 물을 붓고 된장을 풀어준 뒤 끓여주세요. 물이 끓으면 청주, 월계수잎, 통후추, 돼지족을 넣고 센불에서 약 40분 정도 삶아주세요.

양파는 굵게 채썰고, 대파는 15센티 정도로 썰어주세요. 청양고추는 통으로 잘라주세요. 마늘과 생강도 취향껏 손질해주세요.

애벌 삶기 한 돼지족은 찬물에 헹궈 물기를 제거해주세요. 다시 냄비에 물 4컵, 간장, 맛술, 설탕을 넣고 잘 섞은 물에 돼지족을 넣고, 계피나무를 족발 사이에, 채소는 윗부분에 넣고 삶아주세요. 처음에는 센불에서 30분 정도 삶아주세요. 올리고당은 아직 넣지 마세요.

30분 정도 삶다보면 채소 숨이 다 죽어 있을 거예요. 족발은 건져내고, 채소는 체에 걸러주세요.

채소 걸러낸 물에 올리고당과 물 1컵을 냄비에 넣고 잘 섞어준 뒤, 족발을 넣고 중불 또는 약불에서 은근히 졸이듯이 50분 정도 삶아주세요. 국물이 졸아들면 국물을 족발에 끼얹으면서 조리면 됩니다.

치즈닭봉구이

재료	닭봉 500g, 피자치즈 100g, 캔옥수수 2큰술, 오일 2큰술
닭봉 밑간	간장 1½큰술, 마늘가루 1작은술, 통후추 10알, 생로즈마리 한 줄기
양념	고추장 1큰술, 케첩 3큰술, 핫소스 1큰술, 설탕 2큰술, 청주 1큰술, 마늘가루 1/2작은술

닭봉은 흐르는 물에 깨끗하게 씻어 물기를 빼주세요. 캔옥수수는 뜨거운 물을 부어 여분의 불순물을 제거해주세요.

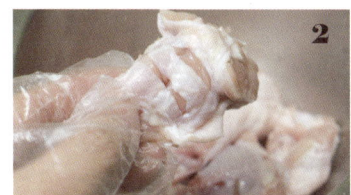

물기를 제거한 닭봉은 살이 있는 부분에 칼집을 내주세요.

분량의 밑간 양념을 넣고 섞어 1시간 이상 재워주세요.

오일을 두른 뒤 닭봉을 가지런히 올려 구워주세요. 뒤집어가면서 굽다가 뚜껑을 덮어 닭봉 속까지 익혀주세요.

닭봉이 거의 다 익을 때쯤 다른 화구에는 양념을 만들어 팬에 넣고 끓여주세요. 보글보글 끓을 때 다 익은 닭봉을 넣고 양념을 입혀가며 조려주세요. 이 상태만으로도 아이들 간식으로 딱 좋은 닭봉구이가 돼요.

닭봉이 맛있게 조려지면 그릴의 가장자리에 쪼르륵~ 돌려 담고, 중앙에 피자치즈와 캔옥수수를 담고 치즈를 녹여주세요.

파프리카
피망잡채

재료	돼지고기(등심) 320g, 빨강노랑파프리카 ½개씩, 청피망 2개, 양파 1/2개, 고추기름 2½큰술, 오일 1작은술, 굴소스 1큰술, 다진 마늘 1½큰술, 다진 생강 1/2큰술, 소금 1/2작은술, 오일 넉넉하게
돼지고기 밑간	간장 1작은술, 미림 1큰술, 설탕 1/4작은술, 달걀 흰자 1/2개, 후춧가루 약간, 포도씨유 1작은술
양념	간장 1작은술, 설탕 1작은술, 물 1큰술, 청주 1큰술, 전분 1작은술

돼지고기 등심은 살짝 얼려 채 썰어준 뒤 포도씨유를 제외한 밑간재료들을 넣고 잘 섞으세요. 마지막에 포도씨유를 넣고 섞어 밑간해주세요.

파프리카를 비롯한 채소들은 모두 채 썰어주세요.

달군 웍에 오일을 넉넉하게 두르고 밑간해둔 돼지고기를 넣고 튀기듯이 볶아주세요. 볶은 돼지고기는 체에 받쳐 기름기를 완전히 제거해주세요.

달군 웍에 고추기름, 굴소스, 오일을 넣고 중약불에서 볶다가 다진 마늘과 생강을 넣고 볶아주세요.

매운 향이 올라올 때쯤 양파를 넣고 볶다가 빨강노랑파프리카, 청피망, 소금을 넣고 볶아주세요.

기름기를 제거한 돼지고기를 넣고 볶다가, 마지막에 양념을 만들어 넣고 섞듯이 볶아 마무리해주세요. 김 오른 찜기에 꽃빵을 쪄서 함께 먹으면 맛있어요.

팽이버섯
소불고기

재료	소고기(불고기용) 400g, 팽이버섯 1팩(280g), 청양고추 1개, 홍고추 1개
불고기 양념	간장 2½큰술, 참치액 1큰술, 설탕 1큰술, 미림 1큰술, 다진 마늘 1큰술, 참기름 1큰술, 깨소금 1큰술, 후춧가루 1/4작은술

소고기는 키친타월을 위아래에 두고 꼭꼭 눌러 핏물을 제거해주세요.

분량의 재료대로 불고기 양념을 만들어서 핏물 뺀 소고기에 넣고 조물조물 버무려 30분 정도 재워두세요.

팽이버섯은 밑동을 잘래내어 씻어놓고, 청양고추와 홍고추는 반으로 갈라 씨를 제거한 뒤 채썰어주세요.

달군 팬에 오일을 조금 두르고 재워두었던 소불고기를 달달 볶아주세요.

소불고기가 거의 익으면 씻은 팽이버섯을 넣고 볶아주세요.

마지막에 채썬 청양고추와 홍고추를 넣고 센불에서 휘리릭 ~ 볶아주세요.

폭찹

재료	돼지고기(목살) 300g, 사과 1/2개, 밀가루 1~2큰술
밑간	화이트와인 2½큰술, 소금 1/4작은술, 후춧가루 1/4작은술
폭찹소스	사과즙 1/2컵, 스테이크소스 1큰술, 케첩 5큰술, 물 1/2컵, 핫소스 1큰술, 버터 1큰술, 다진 마늘 1큰술, 다진 양파 2큰술

1 돼지고기는 밑간 양념대로 넣고 약 15분 정도 재워두세요.

2 폭찹소스 재료 중에서 사과즙, 스테이크소스, 케첩, 물, 핫소스는 미리 섞어두세요. 사과즙은 사과를 믹서기에 갈아 맑은 즙만 사용하면 됩니다.

3 재워두었던 돼지고기의 수분을 빼준 뒤 밀가루로 옷을 입혀 주세요. 달군 팬에 노릇노릇 맛있게 구워준 뒤, 키친타월에 올려 기름기를 빼주세요.

4 달군 팬에 버터를 넣고 녹이다가 다진 마늘과 다진 양파를 넣고 달달 볶아주세요.

5 마늘향과 양파향이 올라오면 미리 섞어두었던 소스를 넣고 끓여주세요.

6 폭찹소스가 걸쭉하게 반으로 졸아들면 사과 1/2개를 껍질을 벗겨 먹기 좋게 썰어 넣고 섞어주세요.

햄버그
스테이크

재료	쇠고기(간 것) 200g, 돼지고기(간 것) 200g, 양파(소) 1개, 달걀 1개, 빵가루 1컵, 강황가루 1작은술, 소금 1/2작은술, 다진 마늘 1큰술, 후춧가루+넛메그+생강가루 1/4작은술씩
소스	버터 1큰술, 양파 1/4개, 밀가루 1큰술, 물 1컵, 토마토케첩 3큰술, 우스터소스 1/2큰술, 시판 스테이크소스 1큰술, A1소스 1큰술, 소금 1/4작은술

소고기 간 것과 돼지고기 간 것은 키친타월에 올려 핏물을 빼주세요.

준비한 양파 1개와 양파 1/4개는 잘게 다져주세요. 달군 팬에 오일을 두르고 1개 분량의 다진 양파를 넣고 달달 볶아주세요.

핏물을 제거한 고기에 양파를 비롯한 재료를 모두 넣고 끈기가 생길 때까지 치대주세요. 치댄 반죽은 10분 정도 그대로 두세요.

햄버그스테이크 반죽을 둥글납작하게 만들어 시트지 위에 올리고 오일 스프레이를 뿌려준 뒤, 210도로 예열한 오븐에서 18~20분 정도 구워주세요. 중간에 한 번 뒤집어주시고요. 반죽 속에 피자치즈를 넣어도 맛있어요. 반죽이 남으면 종이호일에 싸서 지퍼백에 넣고 냉동실에 보관하세요.

그 동안 소스를 만들어주세요. 달군 팬에 버터를 녹여 다진 양파를 볶으세요. 밀가루를 넣고 볶다가 덩어리지지 않게 풀어가며 물을 섞은 뒤 나머지 소스 재료를 넣고 걸죽해질 때까지 저어가며 끓여주세요. 햄버그스테이크를 접시에 담고 소스를 부으면 됩니다.

Part 4

밑간해서 굽기만 해도 맛있지만, 딱 어울리는 소스를 곁들인다면 그것이 바로 최고의 요리.
간단하고 다양해서 요리를 하고 싶어지게 만드는 멋진 오븐 요리.

기름기 쫙 뺀

담백한 오븐 고기요리

강황돈가스

재료	돼지고기(등심) 600g, 강황가루 2큰술, 청주 2큰술, 소금＋후춧가루 적당량, 튀김가루 1컵, 빵가루 1½컵, 달걀 2개, 오일 약간
소스	버터 1큰술, 다진 양파 2큰술, 다진 마늘 1큰술, 케첩 5큰술, 식초 2큰술, 설탕 2큰술, 팽이버섯 1팩, 다시마물 1½컵, 소금 조금, 후춧가루 조금

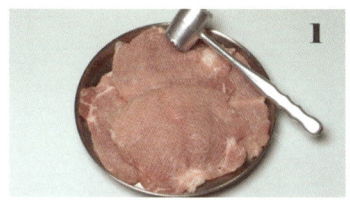

돼지고기는 등심으로 준비하여 한 장 한 장 앞뒤를 고기망치로 두드려 넓게 펴주세요.

청주＋소금＋후춧가루로 밑간을 해서 10분 정도 그대로 두세요.

튀김가루와 빵가루에 강황가루를 1큰술씩 넣고 섞어주세요.

밑간해둔 고기를 튀김가루, 달걀, 빵가루 순으로 옷을 입혀주세요.

오븐을 230도로 예열하면서 오븐팬도 같이 데워준 뒤 고기를 올려 30~35분 정도 구워주세요. 오븐에 넣기 전 윗면에 오일을 조금 뿌려주고, 익는 동안 중간에 한 번 뒤집어주세요.

달군 팬에 버터를 녹이다가 다진 양파와 다진 마늘을 넣고 달달 볶아주세요. 다시마물, 케첩, 팽이버섯, 설탕을 넣고 조리세요. 마지막에 식초를 넣고 소금과 후춧가루로 간을 하면 됩니다.

너비아니구이

재료	소고기(등심) 350g, 잣 조금
양념	간장 2½큰술, 설탕 1큰술, 다진 파 1큰술, 다진 마늘 1큰술, 참기름 1작은술, 깨소금 1작은술, 맛술 1큰술, 후춧가루 1/4작은술

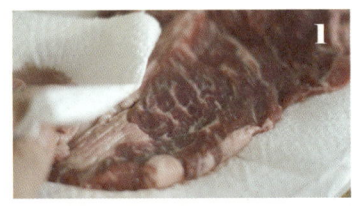

소고기는 키친타월을 이용해서 핏물을 빼주세요.

핏물을 뺀 소고기는 칼등으로 두드려주거나 칼집을 내주세요.

분량의 재료대로 양념을 만들어, 칼집 낸 소고기를 한 겹 한 겹 발라 살짝 조물조물해준 뒤 30분 정도 재워두세요.

오븐을 220도로 예열하면서 오븐팬도 함께 데워주고, 재워두었던 소고기를 올려 15분 정도 구워주세요. 익는 동안 중간에 한 번 뒤집어주시고요. 오븐 속에서 빼낸 너비아니를 먹기 좋게 잘라 접시에 담고, 그 위에 잣을 가루 내어 올려주세요.

닭날개
강황깐풍기

재료	닭날개 500g, 대파 1/2개, 청양고추 1개, 홍고추 1개, 마늘 3알, 우유 적당량
닭 날개 밑간	간장 1큰술, 강황가루 1큰술, 생강즙 1큰술, 후춧가루 1/4작은술
깐풍소스	간장 2큰술, 굴소스 1큰술, 설탕 2큰술, 식초 4큰술, 물 6큰술

닭날개는 흐르는 물에 씻어 볼에 담고 우유를 넣어 30분 정도 두세요. 우유에 담가두었던 닭날개는 씻어 물기를 제거한 뒤 칼집을 내주세요.

칼집 낸 닭날개를 볼에 담고, 분량의 밑간재료를 넣어 30분 이상 재워두세요.

밑간해둔 닭날개는 오븐팬 위 석쇠에 가지런히 올려준 뒤 220도로 예열한 오븐에서 30분 정도 구워주세요. 중간에 한 번 뒤집어 주시고요.

마늘은 편 썰고, 청양고추와 홍고추는 모양대로 송송 썰어주세요.

닭날개가 거의 익어갈 때쯤 분량의 깐풍소스 재료대로 팬에 넣고 설탕을 완전히 녹여준 뒤 불을 켜고 끓여주세요. 끓기 시작하면 불을 줄여 약간 걸쭉하게 졸여주세요.

오븐에서 꺼낸 닭날개에 마늘, 청양고추, 홍고추를 넣고 버무리듯 센불에서 조려주세요.

닭날개구이

재료	닭날개 500g(1팩)
밑간	청주 2큰술, 소금 1/2작은술, 후춧가루 1/4작은술
양념	양조간장 2큰술, 설탕 1큰술, 올리고당 1큰술, 미림 1큰술, 핫소스 3큰술, 마늘가루 1작은술, 생강가루 1/2작은술, 훈제파프리카가루 1$\frac{1}{2}$큰술

닭날개를 흐르는 물에 깨끗하게 씻어 물기를 제거한 뒤, 칼집을 내주세요.

밑간 재료를 넣고 조물조물 해준 뒤 10분 정도 재워두세요.

분량의 재료대로 양념을 만들어주세요. 훈제파프리카가루가 없다면 고운 고춧가루 1큰술을 넣어주세요.

밑간한 닭날개의 물기를 제거한 뒤 만들어두었던 양념을 넣고 조물조물 해주세요. 밀폐용기나 비닐팩에 넣고 1시간 이상 재워두세요.

오븐팬에 종이호일, 석쇠를 올려 오븐에 넣고 230도로 예열한 뒤, 양념에 재워두었던 닭날개를 올리고 25분 정도 구워주세요.

닭다리갈릭
버터구이

재료	닭다리 6개, 중탕한 버터 3큰술, 마늘가루 1큰술, 우유 적당량
밑간	청주 2큰술, 히말라야소금 조금, 이탈리안허브 조금(또는 허브솔트)

닭다리는 씻어서 우유에 담가 30여 분 두었다가 다시 깨끗하게 씻어 물기를 제거해주세요. 먹기 좋게 칼집도 내주시고요.

물기를 제거한 닭다리에 밑간재료를 넣어 30분 이상 재워주세요.

중탕한 버터에 마늘가루를 넣고 섞어주세요. 마늘가루 대신 다진 마늘을 사용해도 되지만 그때는 아주 곱게 다져야 해요. 안 그러면 오븐 속에서 닭다리보다 먼저 타버린답니다.

오븐을 예열하면서 같이 달구어준 석쇠 위에 닭다리를 가지런히 올려준 뒤, 갈릭버터를 꼼꼼하게 앞뒤로 발라주세요.

230도로 예열한 오븐에서 32~35분 정도 구워주세요. 중간에 한 번 뒤집어주면서 갈릭버터도 한 번 더 발라주세요.

닭다릿살 치즈구이

재료	닭다릿살 500g, 피자치즈 취향껏, 파슬리가루 조금
닭다릿살 밑간	청주 조금, 후춧가루 조금
매콤 양념	고추장 3큰술, 청양고추가루 1큰술, 간장 1큰술, 미림 1큰술, 설탕 1큰술, 올리고당 1큰술, 다진 마늘 1½큰술, 참기름 1작은술, 생강가루 1/2작은술, 후춧가루 1/4작은술

닭다릿살을 먹기 좋게 잘라 청주와 후춧가루를 넣고 10분 정도 밑간해주세요.

밑간한 닭다릿살을 체에 올려 물기를 제거해주세요.

미리 만들어두었던 매콤 양념을 닭다릿살과 함께 볼에 넣고 섞어준 뒤, 1시간 이상 재워두세요. 좀 더 매콤한 맛을 원할 경우 청양고추를 다져서 넣어주세요.

종이호일 가장자리를 접어준 뒤, 미리 재워두었던 닭다릿살을 올리고, 220도로 예열한 오븐에 18~20분 정도 구워주세요.

냄비에 구운 닭다릿살을 담고 그 위에 피자치즈 올리고, 한 번 더 닭다릿살과 피자치즈를 올린 뒤 파슬리가루를 뿌려 220도로 예열한 오븐에 다시 넣고 치즈가 녹을 때까지 구워주세요. 처음 썼던 오븐팬에 그대로 피자치즈를 가득 올리고 구워도 돼요.

닭봉땅콩강정

재료	닭봉 600g, 볶은 땅콩 80g, 녹말가루 1/2컵, 오일 조금
밑간	청주 2큰술, 소금 1/4작은술, 후춧가루 1/4작은술
양념	고추장 3큰술, 설탕 1큰술, 올리고당 1큰술, 다진 마늘 1큰술, 포도씨오일 2큰술, 미림 1큰술, 소금 1/4작은술, 후춧가루 약간

닭봉은 깨끗하게 씻어 밑간양념에 20분 정도 재워둔 뒤 체에 밭쳐 물기를 빼주세요.

물기를 제거한 닭봉에 녹말가루를 넣고 섞어주세요.

220도로 예열한 오븐에서 30분 정도 구워주세요. 중간에 한 번 뒤집어야 합니다.

볶은 땅콩은 먹기 좋게 다져서 준비해주세요.

닭봉이 거의 익으면 웍에 양념을 만들어 설탕을 완전히 녹인 뒤 불 위에 올려 보글보글 끓여주세요.

오븐에서 꺼낸 닭봉과 다진 땅콩을 넣고 버무리듯 볶아주세요.

등갈비볶음

재료	등갈비 500g, 청주 1 큰술, 녹말가루 3큰술
등갈비 밑간	간장 1큰술, 올리고당 1큰술, 생강 1톨, 파인애플 40g, 후춧가루 1/4작은술
볶음양념	고추장 1큰술, 간장 1큰술, 다진 마늘 1큰술, 설탕 1큰술, 미림 1큰술, 식초 3큰술

등갈비는 찬물에 담가 핏물을 빼주세요. 등갈비의 하얀 부분은 벗겨내 주시고, 핏물을 빼고 나면 물기를 제거해주세요.

끓는 물에 청주를 넣고 물기 뺀 등갈비를 넣어 센불에서 1분 정도 데쳐준 뒤 찬물에 헹궈 물기를 빼주세요. 물기 뺀 등갈비는 살이 있는 부분에 살짝 칼집을 내주세요.

분량의 밑간양념을 모두 믹서기에 넣고 갈아주세요. 믹서기로 곱게 간 밑간양념을 등갈비에 넣어 섞고, 30분 이상 재워 두세요.

재워두었던 등갈비에 녹말가루를 넣고 섞어주세요. 전이나 튀김을 할 때처럼 비닐팩을 이용하면 편해요. 등갈비와 녹말가루를 넣고 입구를 봉한 뒤 흔들어주면 돼요.

녹말가루를 묻힌 등갈비는 오븐팬 석쇠 위에 올린 뒤 220도로 예열한 오븐에서 25~30분 정도 구워주세요. 중간에 한 번 뒤집어주세요.

등갈비가 거의 익어갈 때쯤 볶음양념을 만들어 팬에 넣고 설탕을 완전히 녹인 뒤 보글보글 끓여주세요. 오븐에서 꺼낸 등갈비를 끓고 있는 양념에 넣고, 센불에서 휘리릭 볶아주세요.

레드와인 오겹살구이

재료	오겹살 700g
레드와인소스	레드와인 1컵, 간장 1/2컵, 설탕 1큰술, 올리고당 1큰술, 통후추 10알, 월계수잎 3장

분량대로 레드와인소스 재료를 넣어 설탕과 올리고당을 완전히 녹여주세요.

오겹살을 밀폐용기에 담고 레드와인소스를 부어주세요. 그런 다음 뚜껑을 닫아 김치냉장고에서 24시간 정도 숙성시켜주세요. 레드와인소스를 끓여서 사용할 경우에는 완전히 식혀주세요.

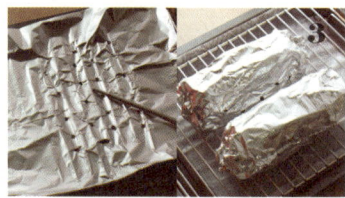

호일에 젓가락으로 구멍을 숭숭 내준 뒤 레드와인소스에 숙성이 된 오겹살을 올려 싸주세요.

230도로 예열한 오븐에서 35분, 온도를 210도로 내려 22~25분 정도 구워주세요. 온도를 낮춰 구울 때는 호일을 벗겨주셔야 해요.

레몬
로스트치킨

재료   닭 1마리(800g), 레몬 3개, 로즈마리 조금, 화이트와인 2큰술, 버터 10g, 올리브오일 2큰술, 마늘올리브오일 1작은술, 감자 1개, 당근 1/4개, 미니단호박 1개, 바비큐시즈닝(또는 후춧가루) 조금, 소금 조금

닭은 흐르는 물에 속까지 깨끗하게 씻어 기름이 많은 부분은 잘라내고, 화이트와인을 목 부분에서 흘리듯이 하여 속을 한 번 더 씻어주세요. 그런 다음 포크로 여기저기 콕콕 찔러주세요. 닭 특유의 냄새에 민감하다면 우유에 30분 정도 담갔다가 깨끗하게 씻어 손질해주세요.

닭 속에 손질한 레몬을 얇게 잘라 넣고, 버터와 로즈마리도 넣은 뒤 닭다리를 포개주세요.

바비큐시즈닝, 소금, 올리브오일을 뿌리고 얇게 자른 레몬도 올려주어 2시간 이상 재워두세요.

당근, 미니단호박, 감자는 기호에 맞게 썰어주세요.

마늘올리브오일, 바비큐시즈닝, 소금을 넣고 섞어주세요.

석쇠 위에 채소와 함께 미리 재워두었던 닭을 올리고, 230도로 예열한 오븐에서 30분, 210도로 낮춰 20분 정도 구워주세요. 처음에 구울 때는 윗부분을 시트지나 호일에 싼 채로 굽다가 30분 뒤에는 벗겨내고 구우면 되며, 채소는 중간에 꺼내도 되고, 닭이 익는 중간에 넣어 구워도 됩니다.

매콤달콤
바비큐립

재료	등갈비 1kg
삶을 때	양파 1개, 월계수잎 3장, 통후추 10알, 청주 2큰술
밑간	레드와인 1컵, 양파 1개, 올리고당 2큰술, 디종머스터드 2큰술, 말린 타임 2큰술, 소금 2큰술, 후 춧가루 1/2작은술
매콤달콤소스	허브칠리소스 180㎖, 건홍고추 1개, 마늘 5알, 설탕 3큰술, 오레가노가루 1작은술, 레몬즙 3~4 큰술(가감), 강황가루 1작은술

등갈비는 찬물에 담가 중간에 물을 갈아주면서 핏물을 빼주세요. 그런 다음 끓는 물에 삶을 때 넣는 재료와 등갈비를 넣고 삶아주세요. 등갈비를 삶을 동안 밑간재료를 믹서기에 넣고 곱게 갈아주세요.

삶은 등갈비를 찬물에 헹궈 여분의 불순물을 제거해준 뒤 살이 많은 부분에 칼집을 내주세요. 볼에 칼집을 내준 등갈비와 미리 갈아둔 밑간 양념을 넣고 잘 버무려준 뒤 밀폐용기에 담아 최소 6시간 정도 재워두세요. 요리하기 전날 미리 재워두시면 좋아요.

오븐을 210도로 예열하면서 재워둔 등갈비를 미리 달군 석쇠 위에 올려 18분 정도 구워주세요.

그 동안 매콤달콤소스 재료를 믹서기에 갈아준 뒤 소스팬에 담아 살짝 걸쭉해질 때까지 끓여주세요.

오븐에서 15분 정도 구운 등갈비를 꺼내, 만들어둔 소스를 앞뒤로 발라 다시 오븐에서 10분 정도 더 구워주세요. 구우면서 소스를 덧발라주면 좋아요. 그것이 귀찮으면 아예 볼에 담아 골고루 소스를 묻힌 뒤 구워도 돼요.

매콤한 닭날개구이

| **재료** | 닭날개 600g, 우유 적당량 |
| **양념** | 고추장 1큰술, 고춧가루 1작은술, 간장 1작은술, 설탕 1큰술, 미림 1큰술, 칠리소스 2큰술, 다진 마늘 1작은술, 후춧가루 1/4작은술 |

닭날개는 깨끗하게 씻어 우유를 붓고 30분 정도 담가두었다 가 여러 번 씻어 물기를 빼주세요.

분량의 재료대로 양념을 만들어 닭날개와 함께 골고루 섞은 뒤 1시간 이상 재워두세요.

220도로 예열한 오븐에서 30분 정도 구워주세요. 중간에 한 번 뒤집어주시면 됩니다.

매콤한 닭다리구이

재료	닭다리 6개, 생로즈마리 조금, 청주 1큰술, 소금 1/2작은술, 후춧가루 1/2작은술
매콤양념	고추장 1큰술, 케첩 1/4컵, 올리고당 1작은술, 마늘가루 1/4작은술, 후춧가루 1/4작은술

닭다리는 깨끗하게 씻어 칼집을 내준 뒤, 체에 밭쳐 물기를 빼주면서 청주를 뿌려주세요.

물기 빠진 닭다리에 소금과 후춧가루로 밑간해주세요.

밑간한 닭다리와 생로즈마리를 지퍼백에 넣고 1시간 이상 재워두세요. 요리하기 전날 밤에 미리 재워 지퍼백에 넣고 냉장고에 넣어두었다가, 냉장고 문을 열 때마다 한 번씩 뒤집어주면 편해요. 밀폐용기에 넣거나 밑간 한 볼에 그대로 랩을 씌워 둬도 돼요.

재워두었던 닭다리를 석쇠 위에 올리고, 220도로 예열한 오븐에서 28~30분 정도 구워주세요. 중간에 한 번 뒤집어주고요.

노릇하게 구워진 닭다리에 매콤 소스를 만들어 닭다리에 골고루 발라준 뒤, 10분 정도 더 구워주세요.

매콤한
치즈
등갈비구이

재료	등갈비 1.2kg, 피자치즈 150g, 캔옥수수 1큰술
삶을 때	양파 1개, 통후추 10알, 청주 2큰술, 월계수잎 조금, 로즈마리 조금
바비큐립양념	바비큐소스 150㎖, 케첩 3큰술, 핫소스 4큰술, 다진 청양고추 1개, 우스터소스 2큰술, 미림 1큰술, 설탕 1큰술, 올리고당 2큰술, 후춧가루 1/2작은술, 생강가루 1/2작은술

준비한 등갈비는 찬물에 담가 핏물을 빼주세요. 핏물을 뺀 등갈비는 사진 속 하얀 부분을 떼어내주세요.

등갈비가 충분히 잠길 정도의 물을 팔팔 끓인 뒤 삶을 때 넣는 재료와 등갈비를 넣고 삶아주세요.

등갈비가 익을 동안 바비큐립양념을 만들어 설탕과 올리고당을 완전히 녹인 뒤 불에 올려 보글보글 끓여주세요.

등갈비에 바비큐립양념을 넣고 섞어준 뒤 1시간 이상 재워두세요.

230도로 예열한 오븐에서 28~30분 정도 구워주세요. 다 익으면 오븐용기에 피자치즈를 넣고 치즈가 녹을 때까지 구워준 뒤 한쪽에는 등갈비를 올려주세요.

묵은지
통삼겹살구이

재료	통삼겹살 1kg, 묵은지 3줌, 생로즈마리 조금, 설탕 조금, 들기름 조금
된장소스	된장 4½큰술, 화이트와인 1/2컵, 간장 1큰술, 설탕 1큰술, 후춧가루 1/2작은술

삼겹살은 키친타월로 꾹꾹 눌러 핏물을 빼준 뒤, 윗부분에 칼집을 조금 내주세요.

분량의 재료대로 된장소스를 만들어주세요. 각 가정의 된장 짠맛은 다 다르므로 된장의 양은 간을 보고 가감해주세요.

된장소스와 생로즈마리를 삼겹살에 넣고 재워두세요.

하루 정도 숙성시킨 삼겹살을 종이호일에 올려 감싸주세요. 종이호일에 감싼 삼겹살은 오븐팬 위 석쇠에 올려 220도로 예열한 오븐에서 35분 정도 구워주세요.

오븐의 온도를 210도로 낮추고 종이호일을 벗겨낸 채 석쇠에 올려 10~15분 정도 더 구워주세요. 구우면서 삼겹살을 한 번 뒤집어주시고요.

오븐에서 삼겹살이 맛있게 구워질 동안 잘 익은 묵은지 3줌 정도를 흐르는 물에 씻어 물기를 꼭 짜준 뒤, 설탕 조금, 들기름 1작은술을 넣고 조물조물 무쳐 잠시 두었다가 달군 팬에 달달 볶아주세요.

미니돈가스 치즈꼬치

재료   돼지고기(등심) 300g, 청주 1큰술, 소금 조금, 후춧가루 조금, 피자치즈 조금, 나무꽂이 조금, 튀
김가루 적당량, 달걀 2개, 빵가루 적당량, 케첩 조금, 머스터드소스 조금

돼지고기는 한입 크기로 잘라 키친타월에 올려 핏물을 빼주
세요.

핏물을 제거한 등심에 청주, 소금, 후춧가루를 뿌려 밑간해
주세요.

튀김가루, 달걀, 빵가루 순으로 옷을 입혀주세요.

오븐을 230도로 예열하면서 준비한 오븐팬도 함께 넣고 예
열해준 뒤, 완료되면 팬을 꺼내 달군 석쇠 위에 미니돈가스
를 가지런히 올려 오일을 뿌려주고, 25분 정도 구워주세요.
중간에 한 번 뒤집어주셔야 합니다.

오븐에서 바삭하게 구워진 미니돈가스를 한 김 식힌 뒤 꼬치
에 끼워 피자치즈를 올리고 다시 오븐에 넣어 피자치즈가 녹
을 때까지 구워주세요. 나무꽂이는 오븐에 들어갈 거라 미리
찬물에 담가두었다 사용하세요. 그러면 오븐 속에 잘 타지
않아요.

바비큐립

재료	등갈비 1.5kg
삶을 때	생강 3톨, 양파 1개, 통후추 15알, 청주 2큰술, 월계수잎 조금, 생로즈마리 조금
바비큐 양념	바비큐소스 150㎖, A1소스 1½큰술, 케첩 3큰술, 핫소스 4큰술, 청양고추 2개, 미림 1큰술, 설탕 2큰술, 올리고당 1큰술, 후춧가루 1/2작은술, 생강가루 1/2큰술

찬물에 담가 핏물을 뺀 등갈비는 생강 3톨을 넣고 끓인 물에 양파, 청주, 통후추, 생로즈마리, 월계수잎과 함께 넣고 삶아주세요. 삶은 등갈비는 찬물에 헹궈 여분의 기름기를 제거해준 뒤, 물기를 빼주세요.

분량의 재료대로 바비큐립 양념을 섞어 설탕을 녹이세요. 그런 다음 불에 올려 보글보글 끓인 뒤 식혀주세요.

밀폐용기에 물기 제거한 등갈비를 넣고, 식힌 바비큐립 양념으로 잘 버무려 재워주세요. 1시간 이상 재워야 합니다.

230도로 오븐을 예열하면서 석쇠를 올린 오븐팬도 오븐에 넣어 달궈준 뒤, 예열이 완료되면 재워두었던 등갈비를 올려 30분 정도 구워주세요. 중간에 남은 소스를 덧발라가며 한 번 뒤집어 주시고요.

버팔로윙

재료	닭날개 600g, 오일 조금
밑간	화이트와인 2큰술, 소금 1/2작은술, 후춧가루 1/4작은술
튀김옷	튀김가루 4큰술, 전분 4큰술
윙소스	핫소스 5큰술, 간장 1큰술, 미림 1큰술, 녹인 버터 2큰술, 식초 1큰술, 설탕 2큰술, 케첩 1½큰술

닭날개는 깨끗하게 씻어 물기를 제거한 뒤 칼집을 중간중간 내주세요.

물기를 제거한 닭날개에 밑간양념을 넣고 15~20분 정도 두세요.

밑간한 닭날개의 물기를 살짝 빼준 뒤 튀김가루와 전분을 넣고 튀김옷을 입혀주세요.

오븐팬에 석쇠를 올려놓고 230도로 예열한 뒤, 석쇠 위에 튀김옷을 입힌 닭날개를 가지런히 올려주세요. 230도로 예열한 오븐에서 35~40분 정도 구워주는데, 중간에 한 번 뒤집어주세요.

오븐 속 닭날개가 거의 익으면 팬에 윙소스를 만들어 넣고 설탕을 녹인 뒤 불에 올려 보글보글 끓여주세요.

오븐에서 꺼낸 닭날개를 팬에 넣고 버무리듯 재빨리 볶아주세요.

불고기
케사디아

재료	소고기(불고기용) 300g, 양파 1/4개, 당근 1줌, 토르티야(8인치) 2장, 토르티야(6인치) 4장, 피자치즈 3큰술, 피자치즈 취향껏
불고기 양념	간장 3큰술, 청주 1큰술, 설탕 1큰술, 참기름 1큰술, 다진 마늘 1큰술, 다진 파 1큰술, 통깨 1작은술, 깨소금 1작은술, 후춧가루 1/4작은술

소고기는 키친타월에 올려 핏물을 제거하고, 양파와 당근은 채 썰어주세요. 분량의 재료대로 양념을 만들어 소고기, 양파, 당근이 담긴 볼에 넣고 조물조물 양념이 배게 한 뒤 약 10분 정도 재워두세요.

재워두었던 불고기는 달군 팬에 오일을 두르고, 수분이 없게끔 달달 볶아주세요. 달달 볶은 불고기를 한김 식힌 뒤 피자치즈 3큰술을 넣고 섞어주세요.

8인치 토르티야에 피자치즈, 피자치즈 섞은 불고기, 피자치즈의 순서대로 한가득 올린 뒤 접어주세요. 접어서 살짝 누른 토르티야를 200도로 예열한 오븐에 9~10분 정도 구워주세요.

삼겹살
고추장구이

재료	삼겹살 600g, 생강즙 1½ 큰술, 소금 조금, 후춧가루 조금
고추장양념	고추장 3큰술, 간장 1큰술, 미림 1큰술, 설탕 1½ 큰술, 올리고당 1큰술, 다진 마늘 1큰술, 참기름 1작은술, 후춧가루 1/4작은술

삼겹살은 생강즙, 소금, 후춧가루로 밑간해서 약 30분 정도 재워두세요. 밑간한 삼겹살에 랩을 씌워 냉장고에 넣어두면 돼요.

오븐을 예열할 때 미리 오븐팬 위에 석쇠를 올리고 같이 달 귀준 뒤 밑간해둔 삼겹살을 올리고, 230도에서 25분 정도 구워주세요. 오븐 속에 들어간 삼겹살이 15분 정도 지나면 한 번 뒤집어주세요.

삼겹살이 구워질 동안 고추장양념을 만들어두세요.

삼겹살이 구워졌으면 미리 만들어두었던 고추장양념을 앞 뒤로 골고루 발라 230도 오븐에서 8~10분 정도 더 구워주 세요.

연잎
닭고기구이

재료   닭 1마리(1kg), 연잎 2장, 양파(중) 3개, 화이트와인 2큰술, 바비큐시즈닝 조금, 히말라야소금 조금, 이탈리안허브 조금

닭은 내장을 말끔히 제거한 뒤 깨끗하게 씻어 반으로 자르고 포크로 여기저기 마구 찔러주세요. 꽁지 부분의 기름덩어리 도 제거해준 뒤 화이트와인을 뿌려주세요.

바비큐시즈닝, 히말라야소금, 이탈리안허브를 조금씩 넣어 30분 정도 밑간해주세요. 이 재료가 없다면 허브솔트로 대 체할 수 있어요.

달군 팬에 오일을 두르고 밑간해둔 닭을 넣고 센불에서 앞뒤 로 노릇하게 구워주세요. 이 부분은 생략이 가능하지만 미리 이렇게 구워주면 나중에 오븐에서 구웠을 때 더 먹음직스러 운 색이 나요.

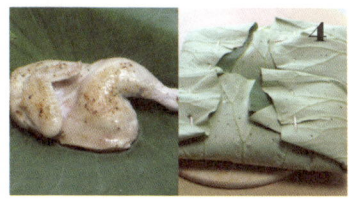

연잎은 흐르는 물에 씻어 물기를 제거한 뒤 겉면을 구운 닭 을 넣고 싸주세요. 닭 싼 연잎을 이쑤시개로 꿰매듯이 꽂아 주고, 기름기가 빠질 수 있게 마구마구 구멍을 내주세요.

오븐팬에 유산지나 시트지를 깔고, 그 위에 양파를 채썰어 넣어주세요. 닭고기를 싼 연잎을 올려주세요. 구멍 낸 부분 이 아래로 향하게 하시면 돼요.

윗부분은 호일로 덮어 230도로 예열한 오븐에서 35분 정도 구운 뒤, 210도로 낮춰 20~25분 정도 더 구워주세요.

연잎
오겹살구이

돼지고기(오겹살) 600g, 연잎 1장, 데리야키소스 1컵, 청주 2큰술, 월계수잎 조금, 통후추 조금, 양파(중) 2개, 물 1/2컵

돼지고기는 청주 2큰술을 뿌려 10분 정도 살짝 밑간해두세요.

청주로 밑간해두었던 돼지고기에 데리야키소스, 월계수잎, 통후추를 위아래로 골고루 섞어 김치냉장고에 넣어두세요. 이 상태로 12시간 이상 충분히 재워두세요. 미리 만들어두 었던 데리야키소스는 다시 끓여 약간 더 걸쭉하게 해요. 고 기를 소스에 재우는 동안 중간중간 뒤집어주세요.

연잎은 깨끗이 씻어 물기를 제거하고 반으로 자른 뒤 재운 돼지고기를 감싸주세요. 연잎이 풀어지지 않게 마무리는 이 쑤시개로 하고, 아랫부분에 구멍을 숭숭 내주세요. 김 오른 찜기에 찔 경우, 연잎 1장으로 돌돌 말듯이 싸주면 되지만 오 븐에 구울 경우에는 연잎을 얇게 싸는 게 좋아요.

오븐팬에 채썬 양파를 놓고 물 반 컵을 부은 후 석쇠를 깔고 연잎에 감싼 돼지고기를 올려주세요. 석쇠 없이 채썬 양파 위에 그대로 올리셔도 돼요.

230도로 예열한 오븐에서 30분 정도 굽고, 온도를 210도로 낮춘 뒤 25분 정도 구워주세요. 오븐에서 구울 때는 연잎 윗 부분에 시트지를 덮어 구워주세요. 시트지를 덮지 않으면 돼 지고기가 익기 전에 연잎이 다 타버려요. 오븐 속에서 50분 정도 지나면 연잎을 벗겨 돼지고기 색을 조금 내주세요.

탄두리치킨

재료	닭봉 500g, 우유 적당량
탄두리 양념	강황가루 3큰술, 고추장 1/2큰술, 매운 고춧가루 1/2큰술, 소금 1작은술, 레몬즙 1큰술, 마늘 4알, 플레인 요구르트 80g, 생강가루 1/4작은술, 후춧가루 1/4작은술

닭봉은 우유에 30분 정도 담가 닭 특유의 냄새를 없애준 뒤 찬물에 깨끗하게 씻어주세요.

체에 밭쳐 물기를 제거하면서 중간중간 칼집을 내주세요.

믹서기에 곱게 간 탄두리 양념을 닭봉에 넣고 잘 섞어준 뒤 밀폐용기에 넣고 3시간 이상 재워두세요.

오븐을 230도로 예열하면서 오븐팬과 석쇠를 넣고 함께 달군 뒤 35~38분 정도 구워주세요. 구울 때는 처음에는 윗면을 시트지로 덮어주었다가 15분 정도 지난 뒤 시트지를 벗기고 구우면서 중간에 한 번 정도 뒤집어주세요.

통삼겹살구이

재료 통삼겹살 2덩어리(약 700g), 화이트와인 1/2컵, 소금 조금, 후춧가루 조금, 월계수잎 조금, 생로즈마리 조금

통삼겹살은 윗부분에 칼집을 조금 낸 뒤, 화이트와인, 소금, 후춧가루, 월계수잎, 생로즈마리를 넣고 재워주세요. 3시간 이상 재워두면 되는데 전날 지퍼백에 담아두면 편해요.

재워두었던 통삼겹살을 종이호일에 올려 잘 싼 뒤 200도로 예열한 오븐에서 30분 정도 구워주세요. 이때 종이호일 아랫부분에 구멍을 숭숭 뚫어주면 기름기가 아래로 빠지게 돼요.

30분 정도 지난 뒤 종이 호일을 벗기고 온도를 220도로 높여 겉면이 노릇해질 때까지 10분 정도 더 구워주세요. 온도와 시간은 각 가정의 오븐 사양에 따라 가감하시면 됩니다.

화이트와인
양파소스
치킨구이

재료	닭 2마리(각 600g 정도), 양파 2개, 버터 1½큰술, 월계수잎 2장, 말린 로즈마리 조금, 후춧가루 1/4작은술, 말린 파슬리가루 1작은술
밑간	양파즙 4큰술, 다진 마늘 2큰술, 올리브오일 2큰술, 레몬즙 2큰술, 후춧가루 1/4작은술
화이트와인양파소스	화이트와인 1/2컵, 닭육수 1컵, 생크림 1/2컵, 구운 양파 1/2개, 소금 한 꼬집, 후춧가루 약간

닭은 반으로 갈라 불순물을 말끔히 없애준 뒤 물기를 제거해주세요. 밑간 재료를 준비하여 닭에 넣고 밀폐용기에 담아 최소 12시간 이상 재워두세요.

양파 2개 중 1개는 채 썰어 버터, 월계수잎, 말린 로즈마리, 말린 파슬리가루, 후춧가루를 넣고 섞어주세요. 그런 다음 오븐팬 위에 올려주세요.

밑간해둔 닭을 그 위에 가지런히 올리고, 나머지 양파 1개도 잘라 올려주세요.

220도로 예열한 오븐에 45~50분 정도 구워주세요. 약 25분 정도 지나면 양파는 먼저 꺼내주세요. 닭을 굽는 동안 화이트와인양파소스를 만들어 닭을 그릇에 담아 낼 때 그 위에 뿌려주면 됩니다.

화이트와인양파소스 만들기

1. 오븐에서 꺼낸 양파를 먹기 좋게 다져주세요.

2. 팬에 화이트와인, 닭육수, 다진 구운 양파를 넣고 끓이다가 반으로 줄어들면 생크림을 넣고 끓여주세요.

3. 마지막에 소금과 후춧가루로 간을 맞춰주세요.

Part 5

아이와 함께 만들어 먹기 좋은 음식, 나들이 갈 때 준비하면 좋은 음식,
간단히 만들어 요기할 수 있는 음식, 가공식품에 아이디어를 더해 건강하게 만든 음식.

누구나 쉽게 만드는

간편한 고기요리

강황간장치킨

재료	닭다릿살 500g, 대파 1대, 튀김용 오일 적당량
밑간	간장 1작은술, 청주 1작은술, 소금 1/4작은술, 후춧가루 1/4작은술
튀김옷	강황가루 1큰술, 감자전분 5큰술, 달걀흰자 1개
간장양념	간장 1큰술, 다진 마늘 1큰술, 생강즙 1작은술, 미림 1큰술, 설탕 1큰술, 굴소스 1큰술, 후춧가루 1/4작은술

닭다릿살은 깨끗하게 씻어 물기를 빼주고, 본인의 취향에 따라 껍질을 제거한 뒤 한입 크기로 잘라주세요. 밑간재료로 간을 한 뒤 10분 정도 재워두세요.

재워두었던 닭다릿살은 체에 밭쳐 여분의 물기를 제거해주세요.

강황가루, 감자전분, 달걀흰자를 넣고 조물조물 잘 섞어주세요.

튀김오일에 튀김옷을 입힌 닭다릿살을 바삭하게 두 번 튀겨주세요.

두 번째 튀길 때쯤 간장양념을 만들어 팬에 넣고 보글보글 끓여주세요.

끓인 간장양념에 막 튀긴 치킨을 넣고 골고루 양념이 묻도록 버무려주세요.

닭봉간장치킨

재료	닭봉 17개(600g), 녹말가루 4큰술, 오일 조금, 우유 조금
밑간	청주 1큰술, 소금 1/2작은술, 생강가루 1/2작은술, 후춧가루 1/4작은술, 로즈마리 조금
간장양념	간장 2½큰술, 설탕 2큰술, 올리고당 1큰술, 미림 2큰술, 다진 마늘 1큰술, 다진 청양고추 1개

물기를 제거한 닭봉은 중간중간 칼집을 내어, 밑간재료대로 넣고 조물조물 버무려주세요.

밑간재료와 잘 버무린 닭봉은 밀폐용기에 로즈마리와 함께 넣고 뚜껑을 닫아 1시간 정도 재워두세요.

재워두었던 닭봉은 체에 받쳐 물기를 제거해주세요.

물기 제거한 닭봉은 팩에 녹말가루와 함께 넣고 입구를 봉한 뒤 흔들어주세요.

오븐팬, 호일, 키친타월, 물 1/2컵, 석쇠 순으로 올려 오븐을 230도로 맞춰 예열해주세요. 오븐을 230도로 예열해놓고 완료되면 팬을 꺼내 닭봉을 가지런히 올려준 뒤, 윗부분에 오일을 뿌려주세요. 다시 오븐에 넣고 35분 정도 구워주세요. 중간에 한번 뒤집어주시고요.

닭봉이 거의 익을 무렵 간장양념을 만들어 팬에 넣고 보글보글 끓여주세요. 오븐에서 꺼낸 닭봉을 넣고 조려주세요.

닭안심살
채소김초밥

재료	닭고기(안심) 6조각, 밥 2공기, 김(김밥용) 3장, 오이 1/3개, 당근 1/3개, 새싹채소 1팩, 무순 조금, 깻잎 6장, 생강 1톨
단촛물	설탕 2큰술, 식초 2큰술, 소금 1작은술, 레몬즙 1/2작은술
드레싱	마요네즈 2½큰술, 고추냉이 1작은술, 소금 한 꼬집, 레몬즙 1큰술, 후춧가루 약간

생강 1톨을 저며 물과 함께 팔팔 끓인 뒤 닭고기를 넣고 삶아주세요. 팬에 노릇하게 구워도 됩니다.

익힌 닭고기는 먹기 좋게 잘라주세요.

무순과 깻잎은 깨끗이 씻어 물기를 제거하고, 오이는 돌려깎기를 하여 가늘게 채 썰어주세요. 당근도 가늘게 채 썰어주시고요.

새싹채소도 씻어 물기를 빼주세요.

분량의 재료대로 단촛물을 만들어 끓인 뒤 밥이 뜨거울 때 부어 골고루 섞어주고, 분량의 재료대로 드레싱을 만들어주세요.

김, 밥, 드레싱, 깻잎, 채소 순으로 올리고, 먹기 좋게 썰어둔 닭고기를 올려 돌돌 말아주세요.

간편 고기
04

닭안심살
채소토스트

재료	식빵 8장, 닭(안심) 200g, 양배추 50g, 당근(소) 1/3개, 양파 1/4개, 달걀 4개, 빵가루 3~4 큰술, 버터 3큰술, 청주＋소금＋후춧가루 조금씩
허니머스터드소스	마요네즈 4큰술, 머스터드 2큰술, 꿀 2큰술

닭고기는 끓는 물에 청주를 넣고 삶아 결대로 찢어주세요.

양파, 당근, 양배추를 채 썰어주세요.

채 썬 채소와 먹기 좋게 찢은 닭고기를 볼에 담고 달걀, 빵가루를 넣고 섞어주세요. 소금과 후춧가루로 간을 해주세요.

달구어진 팬에 오일을 두르고, 토스트 속 재료를 앞뒤 노릇노릇하게 구워주세요.

달군 팬에 버터를 녹여준 뒤 식빵을 앞뒤로 구워주세요. 한쪽에 허니머스터드소스를 바른 식빵, 토스트 속 재료, 허니머스터드소스를 바른 식빵 순으로 올려주세요.

돈가스
샌드위치

재료	식빵 6장, 돼지고기(돈가스용 등심) 3~4장, 양파 1/2개, 양상추 4~5장, 슬라이스치즈 3장, 달걀 2개, 튀김가루 조금, 빵가루 조금, 오일 조금, 녹인 버터 조금
밑간	청주 1큰술, 소금 조금, 후춧가루 조금
샌드위치소스	마요네즈 3큰술, 시판 돈가스소스 2½큰술, 홀그레인머스터드 1큰술

돼지고기는 미리 밑간양념을 넣어 준비해주세요.

밑간해두었던 돼지고기를 튀김가루, 풀어놓은 달걀, 빵가루 순으로 옷을 입혀주세요.

230도로 예열한 오븐석쇠 위에 돈가스를 올리고 오일을 뿌린 뒤, 27~30분 정도 구워주세요. 중간에 한 번 뒤집어주시고요.

양파와 양상추는 먹기 좋게 잘라 얼음물에 담가두었다가 물기를 빼주세요.

분량의 재료대로 샌드위치소스를 만들어주세요.

돈가스가 거의 다 익으면 식빵을 팬에 굽거나 토스트기에 구워주세요. 구운 식빵에 녹인 버터를 발라주고 돈가스를 올린 뒤 샌드위치소스를 뿌려주세요. 소스 위에 양상추, 양파, 슬라이스치즈, 녹인 버터를 바른 식빵을 올리면 됩니다.

돈가스신김치 김초밥

재료　　　　돈가스 1장, 신김치 4줄기, 밥 4½공기, 김(김밥용) 8장, 튀김오일 적당량

돈가스는 튀김오일에 바삭하게 튀겨서 길쭉하게 잘라주세요.

신김치는 꼭지만 제거한 뒤 길이 그대로 잡고, 김칫국물을 짜놓으세요.

밥은 30분 정도 쌀을 불렸다가 다시마를 넣고 고슬고슬하게 지은 뒤, 단촛물을 만들어 섞어주세요. 깨소금 1큰술도 함께 넣으면 좋아요.

김에 초밥, 신김치, 돈가스를 올리고 돌돌 말아주세요.

돈가스
치아바타
샌드위치

| **재료** | 치아바타 3개, 돼지고기(돈가스용 등심) 300g, 양파 1/2개, 오이피클(길쭉) 4개, 로메인 조금, 돈가스소스+머스터드소스(토핑용) 조금, 달걀 2개, 튀김가루+빵가루 조금, 소금+후춧가루+마요네즈+오일 조금씩 |
| **등심 밑간** | 화이트와인 1큰술 |

돼지고기는 키친타월로 핏물을 빼준 뒤 화이트와인을 뿌려 20분 정도 재워두세요.

돼지고기에 튀김가루, 달걀, 빵가루를 차례대로 묻혀주세요. 달걀에는 소금 간을 약간 해주세요.

230도로 예열한 오븐에 튀김옷을 입힌 돼지고기를 넣고 30분 정도 구워주는데, 윗면에 오일스프레이로 살짝 오일을 뿌려준 뒤 중간에 한 번 뒤집어주세요.

오이피클과 양파는 채 썰고, 로메인은 깨끗하게 씻어 물기를 빼주세요.

돈가스가 다 익으면 치아바타를 살짝 구워준 뒤 반으로 갈라 마요네즈를 바르고, 로메인, 양파, 돈가스소스+머스터드소스를 뿌리고, 돈가스, 오이피클을 올려주면 돼요. 토마토를 얇게 썰어서 함께 넣어줘도 맛있어요.

떠먹는
두부감자피자

재료　두부 1팩, 삶은 감자(대) 1개, 베이컨 4줄, 캔옥수수 2큰술, 청피망 1개, 파자치즈 300g, 소금 1/2작은술, 후춧가루+파슬리가루 조금, 녹인 버터 조금

두부는 칼을 비스듬히 기울여 으깬 뒤 면보나 타월에 싸서 물기를 빼주세요.

베이컨은 뜨거운 물을 끼얹어 기름기를 조금 제거한 뒤 잘라 주세요. 청피망은 잘게 다져주시고요.

캔옥수수는 뜨거운 물을 부어 깔끔하게 해주세요.

삶은 감자는 뜨거울 때 으깬 뒤 물기 제거한 두부를 넣고 섞어주세요.

캔옥수수, 청피망, 베이컨, 피자치즈, 소금, 후춧가루를 넣고 섞어주세요. 섞을 때 피자치즈도 함께 섞으면 나중에 떠먹을 때 겉과 속에서 모두 피자의 쭈~욱 늘어나는 맛을 느낄 수가 있어요.

녹인 버터를 오븐용 용기에 바른 뒤 잘 섞어둔 두부감자피자를 담고, 남겨둔 베이컨을 예쁘게 올려주세요. 피자치즈와 파슬리가루를 뿌린 뒤 200도로 예열한 오븐에서 15~18분 정도 구워주세요.

미니햄버거

재료	미니햄버거 패티	쇠고기와 돼지고기 간 것 각각 200g씩, 다진 마늘 1큰술, 청주 1큰술, 생강가루 1/4 작은술, 다진 양파 1/2개, 다진 당근1/3개, 빵가루 1/2컵, 달걀 1개, 소금 1/4작은 술, 후춧가루 1/4작은술
부재료		모닝빵 8개, 양상추 4~5장, 방울토마토 6개, 슬라이스치즈 3장, 오이피클 기호에 맞게, 스테이크소스 적당량
소스		머스터드소스 2큰술, 마요네즈 1큰술

미니햄버거 패티 재료를 볼에 담고 끈기가 생길 때까지 치대 주세요.

모닝빵의 크기에 맞게 동글동글하게 빚어 팬에 올려주세요.

210도로 예열한 오븐에서 18~20분 정도 구워주세요. 중간 에 한 번 뒤집어주시고요. 거의 다 익을 무렵 스테이크소스 를 앞뒤 골고루 덧발라주세요.

모닝빵에 바를 소스는 분량대로 잘 섞어주고, 양상추도 깨끗 이 씻어 물기를 제거해주세요. 오이피클도 물기를 제거하고, 방울토마토는 동그랗게 자르고, 슬라이스치즈는 4등분으로 잘라주세요.

모닝빵은 오븐에 구워 반으로 잘라 소스를 발라준 다음, 준 비한 재료를 먹기 좋게 올려주세요.

미트볼치즈
오픈샌드위치

재료　시판 미트볼 1팩, 식빵 2장, 슬라이스치즈 2장, 장식용 땅콩분태 조금, 케첩 조금, 머스터드소스 조금

시판 미트볼은 210도로 예열한 오븐에서 18분 정도 뒤집어 가며 구워주세요.

식빵은 와플기에 넣고 모양 나게 구운 뒤 가장자리를 정리하고 4조각으로 잘라주세요.

잘라놓은 식빵에 슬라이스치즈, 미트볼, 슬라이스치즈 순으로 올린 뒤 오븐에 넣고 치즈가 녹을 때까지 구워주세요.

치즈가 미트볼을 감싸면서 녹으면 윗면에 땅콩분태를 조금 올린 뒤 케첩과 머스터드소스를 살짝 뿌려주세요.

베이컨
채소볶음

재료   베이컨 180g, 미니양배추 170g, 양파 1/2개 분량, 빨강노랑파프리카 조금, 소금 조금, 후춧가루 조금, 검은깨 조금

미니양배추는 지저분한 겉껍질을 벗긴 뒤, 반으로 잘라 끓는 물에 데쳐주세요.

베이컨은 기호에 맞게 썰어주세요. 파프리카와 양파는 채 썰어주세요.

달구어놓은 팬에 오일 없이 베이컨과 양파를 넣고 볶아주세요.

데쳐두었던 미니양배추, 빨강노랑파프리카, 후춧가루를 넣고 볶아주세요. 간은 소금으로 맞추면 돼요.

베이컨채소
토스트

재료 식빵 8장, 양배추(소) 1/4개, 당근 1/3개, 빵가루 2큰술, 베이컨 6장, 달걀 2개, 우유 3큰술, 소금 1/2작은술, 녹인 버터 조금, 케첩 조금, 오일 조금

양배추와 당근은 깨끗하게 씻어서 채 썰어주세요.

달걀 2개에 우유를 넣고 잘 풀어주세요.

볼에 양배추, 당근, 빵가루, 우유달걀물, 소금을 넣고 잘 섞어 주세요.

달군 팬에 채소 섞어둔 것을 넣고 앞뒤로 노릇노릇하게 구워 주세요.

베이컨은 달군 팬에 오일 없이 구워 키친타월에 올려 기름기 를 빼주세요.

식빵은 토스트기에 굽거나 달군 팬에 오일을 두르지 않고 노 릇하게 구워 준비해주세요. 구운 식빵 한 쪽 면에 녹인 버터 를 바르고 구운 야채를 올린 다음 케첩을 뿌려주세요. 그 위 에 구운 베이컨 올리고 한쪽 면에 녹인 버터를 바른 식빵을 올려주면 됩니다.

불고기주먹밥 치즈구이

재료	돼지고기(간 것) 200g, 밥 2공기, 양파 1/4개, 당근(작은 것) 1/3개, 청피망 1/2개, 새송이버섯 (중) 3개, 청양고추 2개, 피자치즈 100g, 통깨 1큰술
불고기 양념	간장 2큰술, 맛술 1큰술, 참기름 1작은술, 다진 마늘 1큰술, 설탕 1작은술, 깨소금 1큰술, 후춧가 루 1/4작은술

새송이버섯과 청양고추를 잘게 다져주세요. 볼에 돼지고기 간 것, 다진 새송이버섯, 다진 청양고추를 담고, 분량의 재료 대로 만든 불고기양념으로 조물조물 밑간을 해준 뒤 30분 정도 재워두세요.

양파, 청피망, 당근은 잘게 다져주세요.

달구어진 팬에 오일을 살짝 두르고 잘게 다진 양파, 당근, 청 피망을 볶아주세요.

재워두었던 불고기도 볶아주세요.

볼에 밥 두 공기, 볶은 불고기, 볶은 야채, 통깨, 피자치즈를 넣고 잘 섞어주세요. 주먹밥의 간은 소금으로 합니다.

동글동글 주먹밥을 만들어주세요. 오븐팬에 가지런히 담고, 그 위에 피자치즈를 올려주세요. 파슬리가루는 옵션! 200도 로 예열한 오븐에서 치즈가 녹을 때까지 구워주세요.

불고기
치즈김밥

재료	소고기(불고기용) 200g, 김(김밥용) 5장, 밥 3공기, 깻잎 10장, 슬라이스치즈 10장
불고기 양념	간장 2½큰술, 설탕 1큰술, 청주 1큰술, 다진 마늘 1큰술, 참기름 1작은술, 깨소금 1큰술, 후춧가루 1/4작은술

소고기는 잘게 다져 양념대로 조물조물 주물러서 20분 정도 재워두세요.

깻잎은 깨끗이 씻어서 물기를 제거하고, 슬라이스치즈는 그대로 두었다가 김밥을 쌀 때 비닐을 벗겨주세요.

미리 재워두었던 소불고기는 달구어놓은 팬에 오일을 조금 두르고 물기 없이 달달 볶아주세요. 그런 다음 밥과 함께 볼에 넣고 섞어준 뒤 한 김 식혀주세요.

김 위에 불고기밥, 깻잎, 슬라이스치즈 순으로 올려준 뒤 돌돌 말아주세요.

불고기
치즈버거

재료	소고기(불고기용) 200g, 핫도그빵 4개, 슬라이스치즈 8장, 상추 4장, 양파 1/2개, 오이피클 16조각, 마요네즈 조금
불고기 양념	간장 1큰술, 설탕 1작은술, 청주 1작은술, 다진 마늘 1작은술, 참기름 1작은술, 깨소금 1작은술, 후춧가루 1/4작은술

양파는 썰어서 찬물에 담가두었다가 물기를 제거하고, 상추는 깨끗하게 씻어 물기를 빼주세요.

소고기는 분량의 양념대로 밑간하여 팬에 물기 없이 달달 볶아주세요.

핫도그빵을 오븐에 넣고 살짝 구워서 마요네즈를 발라주세요.

빵 위에 상추를 올리고 슬라이스치즈 2장을 넣고 소고기불고기, 양파, 오이피클을 넣어주세요.

불고기
통깨주먹밥

재료	소고기(불고기용) 200g, 밥 2½ 공기, 통깨+검은깨 적당량
불고기 양념	간장 2큰술, 다진 마늘 1큰술, 설탕 1큰술, 청주 1작은술, 참기름 1작은술, 깨소금 1작은술, 생강 가루 1/4작은술, 후춧가루 약간
배합초	식초 4큰술, 설탕 2큰술, 소금 1/4작은술

소고기는 잘게 썰고 분량의 재료대로 불고기양념을 만들어 주세요. 양념을 소고기에 넣고 조물조물 간이 배게 한 뒤 10 분 정도 재워두세요. 소고기는 다짐육을 이용해도 좋아요.

달구어놓은 팬에 오일을 조금 두르고, 불고기를 넣어 물기 없이 달달 볶아주세요.

배합초를 만들어 밥에 넣고 잘 섞어준 뒤, 달달 볶은 불고 기를 밥 속에 넣고 동그랗게 만들어주세요.

검은깨와 통깨가 담긴 그릇에 올려 마구 굴려주세요. 굴려주 다 한 번 꾸~욱 눌러주면 됩니다.

사골순대국

재료	사골국물 4인분, 순대 450g, 대파 1½대, 청양고추 1개, 들깨가루 조금, 소금 조금, 후춧가루 조금
양념	고춧가루 2½큰술, 매운 고춧가루 1/2큰술, 국간장 1작은술, 사골국물 5큰술, 다진 마늘 1큰술, 청주 1작은술, 매실액 1작은술, 후춧가루 1/4작은술

대파와 청양고추는 씻어서 물기를 제거한 뒤 송송 썰어주세요.

순대는 쪄서 먹기 좋게 썰어주세요.

사골국물이 팔팔 끓을 때 순대를 넣고 다시 끓어오르면 불에서 내려주세요.

뚝배기를 미리 데워 끓인 사골순대국과 밥을 담고, 송송 썰어둔 대파와 청양고추, 들깨가루, 소금, 양념을 기호에 맞게 넣어주세요.

삼겹살
강황김밥

재료	삼겹살 300g, 강황밥 4공기, 단무지 10줄, 맛살 10줄, 오이 1½개, 깻잎 20장, 김(김밥용) 10장, 청주 조금, 참기름 조금, 소금 조금
삼겹살 양념	간장 3큰술, 미림 1큰술, 설탕 1큰술, 다진 마늘 1큰술, 참기름 1/2큰술, 후춧가루 1/4작은술

준비

1. 깻잎은 깨끗하게 씻어 물기를 제거해놓으세요.

2. 맛살은 반으로 잘라 달군 팬에 구워 식혀두세요.

3. 오이는 굵은 소금으로 비벼 씻어 물기를 제거한 뒤 단무지 크기로 잘라놓으세요.

4. 단무지의 물기를 제거해놓으세요.

5. 김밥용 밥은 강황을 1작은술 넣고 고슬고슬하게 지어 참기름과 소금으로 섞어준 뒤 식혀두세요.

삼겹살은 길게 반으로 썰어 끓는 물에 청주를 조금 넣고 데쳐 주세요. 그런 다음 흐르는 물에 살짝 헹궈 물기를 빼주세요.

분량의 재료대로 만든 삼겹살 양념을 넣고 조물조물 버무려 30분 정도 재워두세요.

팬을 달구어 삼겹살을 구워주세요.

김 위에 강황밥을 깔고 깻잎을 깐 뒤 오이, 맛살, 단무지, 구운 삼겹살을 올려서 돌돌 말아주세요.

소고기볶음밥
묵은지쌈

재료	소고기(간 것) 300g, 묵은지 1/2포기, 밥 2공기, 오일 1큰술, 소금 조금
소고기 밑간	청주 1큰술, 참기름 1큰술, 소금 1/2작은술, 후춧가루 1/4작은술

소고기는 키친타월에 올려 핏물을 제거한 뒤 밑간양념을 넣고 섞어 약 10분 정도 재워두세요.

미리 재워두었던 소고기를 달궈놓은 팬에 오일을 두르고 달달 볶아주세요. 밥 2공기를 넣고 볶다가 간을 한번 본 뒤 부족한 간은 소금으로 맞춰주세요

소고기볶음밥은 한김 식힌 뒤 한입 크기로 동그랗게 만들어 소고기볶음밥볼을 만들어주세요. 그냥 이대로 먹어도 맛있어요.

묵은지는 속을 털어내고 흐르는 물에 씻어 물기를 빼주세요.

한입 크기로 만든 소고기볶음밥볼을 묵은지에 올려, 쌈을 싸주세요. 볶은 소고기를 조금 남겨두었다가 묵은지쌈밥 윗부분을 가위로 살짝 잘라내고 올려놓으면 더 먹음직스럽게 보여요.

소고기주먹밥 채소쌈

재료	소고기(양지) 200g, 밥 3~4공기, 쌈 채소 적당량(쌈케일, 로즈잎, 적상추, 적치커리, 적겨자 등)
소고기 양념	간장 2큰술, 설탕 1큰술, 청주 1큰술, 다진 마늘 1큰술, 참기름 1작은술, 깨소금 1작은술, 후춧가루 1/4작은술

소고기는 조그맣게 자른 뒤, 분량의 재료대로 양념을 만들어 넣고 조물조물 무쳐서 20분 정도 재워두세요. 쌈 채소는 깨끗하게 씻어 물기를 빼놓으세요.

밑간해두었던 소고기를 달궈놓은 팬에 오일을 조금 두르고 국물 없이 달달 볶아주세요.

준비해놓은 밥에 볶은 소고기를 넣고 잘 섞어주세요. 좀 싱겁게 드시려면 4공기를, 짭짤하게 드시려면 3공기를 준비하시면 됩니다.

소고기를 섞은 밥을 동글동글한 모양으로 만들어주세요. 된장쌈장과 고추장쌈장을 만들어 주먹밥 안에 넣어도 좋습니다.

쌈 채소를 조금씩 잘라 겹겹이 모아준 뒤, 중앙에 소고기주먹밥을 올려주세요. 주먹밥 속에 쌈장을 넣지 않았다면, 된장쌈장과 고추장쌈장을 위에 올려주세요.

※ 쌈장 만들기

된장쌈장	된장 4큰술, 마요네즈 1큰술, 다진 마늘 1큰술, 다진 청양고추 1/2개, 깨소금 1/2작은술
고추장쌈장	고추장 2큰술, 다진 양파 1작은술, 올리고당 1작은술, 통깨 1작은술

소시지 채소볶음

재료	소시지 1팩(5개), 양파 1/2개, 빨강노랑파프리카 1/2개씩, 청피망 1/2개, 오일 조금
양념	간장 $1\frac{1}{2}$큰술, 미림 1/2큰술, 케첩 3큰술, 다진 마늘 1큰술, 설탕 1큰술, 통깨 1작은술

양파를 비롯한 채소를 깨끗하게 씻어 먹기 좋게 썰어주세요.

소시지는 뜨거운 물을 한 번 끼얹어준 뒤 물기를 제거하고 어슷 썰어주세요.

달군 팬에 오일을 두르고, 양파와 소시지를 넣고 볶아주세요.

빨강노랑파프리카, 청피망, 양념을 넣고 볶아주세요. 오래 볶으면 질겨지니 적당히 볶아주세요.

소시지
치즈김밥

재료	밥 2공기, 김(김밥용) 3장, 소시지 6개, 슬라이스치즈 6장, 깻잎 9장, 깨소금 조금
배합초	식초 4큰술, 설탕 2큰술, 소금 1/2작은술

소시지는 뜨거운 물을 부어 기름기를 제거한 뒤 달군 팬에 오일을 조금 두르고 구워주세요.

깻잎은 깨끗하게 씻어 물기를 제거한 뒤 꼭지를 잘라주세요.

분량의 배합초 재료를 냄비에 넣고 설탕이 녹을 때까지 끓여 주세요. 배합초가 식으면 깨소금과 함께 밥에 넣고 잘 섞어 주세요.

김에 밥을 깔고 깻잎, 슬라이스치즈, 소시지 순으로 올려 돌 돌 말아주시면 돼요.

소시지치즈롤
밥핫도그

재료 밥 2½공기, 비엔나소시지 10개, 슬라이스치즈 5개, 청홍피망 1/2개씩, 검은깨 1큰술, 소금 조금, 케첩 조금, 머스터드소스 조금, 달걀 2개, 밀가루 조금, 빵가루 조금, 튀김오일 적당량

청홍피망은 잘게 다져주세요.

밥에 다진 청홍피망과 검은깨, 소금을 넣고 잘 섞어주세요.

비엔나소시지는 뜨거운 물을 부어 물기를 제거한 뒤, 반으로 자른 슬라이스치즈에 돌돌 말아주세요.

슬라이스치즈에 돌돌 만 소시지를 밥으로 감싸주세요.

밀가루, 달걀, 빵가루 순으로 옷을 입혀주세요.

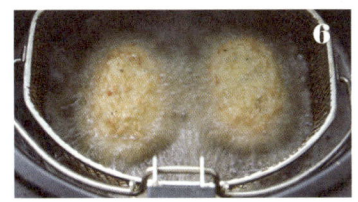

바삭하게 튀겨 케첩과 머스터드소스를 뿌려주면 완성이에요.

순대볶음

재료	순대 450g, 청양고추 1개, 건홍고추 1개, 양파 1/2개, 당근 1/4개, 양배추 120g, 떡볶이떡 15개, 깻잎 10장, 들깨가루 2큰술, 오일 조금
매콤양념	고춧가루 2큰술, 고추장 4큰술, 굴소스 1큰술, 설탕 2큰술, 다진 마늘 2큰술, 생강즙 1큰술, 미림 2큰술, 다시마물 4큰술, 후춧가루 1/2작은술

양배추는 적당하게 썰고, 양파는 조금 굵게 채썰고, 당근은 반달모양으로 썰어주세요. 청양고추와 건홍고추는 어슷 썰어주세요.

순대는 먹기 좋게 어슷 썰고, 떡볶이떡은 끓는 물에 살짝 데쳐주세요.

달군 팬에 오일 1큰술을 두르고, 청양고추와 건홍고추를 넣고 달달 볶아주세요.

매운 내가 올라오면 양배추, 양파, 당근을 넣고 볶아주세요.

채소의 숨이 살짝 죽으면 순대, 떡볶이떡, 매콤양념을 넣고 골고루 섞으면서 볶아주세요. 순대가 냉장고에 있던 것이라 많이 딱딱하다면 뚜껑을 덮고 약 1~2분 정도 두었다가 볶아주세요.

맛있게 볶아졌으면 깻잎을 돌돌 말아 채썰어 넣고, 들깨가루도 넣어 재빨리 섞어주세요.

스테이크
채소볶음

재료　시판 스테이크 2장, 양파 1/2개, 청피망 1/2개, 노랑파프리카 1/2개, 당근 1/3개, 마늘 2알, 청양고추 1개, 마늘솔트 조금, 후춧가루 조금

스테이크가 얼었다면 살짝 해동하여 깍둑깍둑 썰어서, 달군 팬에 오일을 넉넉하게 두르고 2/3정도 익히세요. 그런 다음 키친타월에 올려 기름기를 제거해주세요.

준비한 채소는 먹기 좋게 잘라주세요.

달군 팬에 오일을 조금 뿌린 뒤 양파와 당근을 넣고 볶아주세요.

미리 구워 두었던 스테이크와 파프리카, 청피망, 마늘을 넣고 볶아주세요. 마늘솔트로 간을 하여 마무리하시면 됩니다.

오리고기
무쌈말이

재료	쌈무 1팩, 슬라이스오리 3팩, 무순 1팩(소), 색색 파프리카 1개씩
소스	연겨자 1큰술, 식초 2큰술, 설탕 1큰술, 깨소금 1작은술, 레몬즙 1작은술, 소금 한 꼬집, 통깨 1/2 작은술

무순은 씻어서 물기를 제거하고, 색색 파프리카는 씻어서 속을 깨끗하게 손질한 뒤 채 썰어주세요.

쌈무는 물기를 꽉 짜주세요.

슬라이스오리고기는 시중에 판매되는 것을 사서 달구어진 팬에 노릇하게 구워주세요.

쌈무에 슬라이스오리 구운 것, 색색 파프리카와 무순을 올려주세요. 무순은 잎 부분의 방향을 바꿔가면서 올리면 됩니다.

슬라이스오리를 먼저 말고 쌈무를 말아주세요. 접시에 오리고기무쌈말이를 가지런히 담고 소스를 만들어 곁들여주세요.

오리떡갈비 피자

재료　　　오리떡갈비 1팩, 시판 피자도우 2장, 빨강노랑파프리카 1/4개씩, 청피망 1/4개, 양파(소) 1/4개, 블랙올리브 조금, 피자소스 조금, 피자치즈 취향껏

오리떡갈비는 반으로 포를 떠서 먹기 좋게 잘라주세요.

빨강노랑파프리카와 피망은 모양대로 자르고, 양파와 블랙올리브도 잘라주세요.

피자도우에 피자소스를 뿌리고 오리떡갈비와 채소 순으로 올려주세요. 피자도우가 없다면 토르티야를 이용해도 돼요.

피자치즈를 한가득 올린 뒤 200도로 예열한 오븐에서 15~18분 정도 구워주세요.

채소핫도그

재료　핫도그빵 4개, 소시지(핫도그용) 4개, 양파 1개, 양배추 100g, 오이피클 50g, 녹인 버터 조금, 소금 조금, 오일 조금, 케첩 조금, 머스터드소스 조금

양파, 양배추, 오이피클을 모두 채썰어주세요.

핫도그용으로 준비한 소시지는 칼집을 낸 뒤, 끓는 물에 데쳐 물기를 제거해주세요.

달군 팬에 소시지를 굴려가면서 구운 뒤 키친타월에 올려 기름기를 빼주세요.

달군 팬에 오일을 두르고 양파를 볶다가 양배추를 넣고 같이 볶아주세요. 소금으로 간을 한 뒤 적당히 익으면 키친타월에 올려 기름기를 빼주세요.

기름기를 뺀 양파와 양배추를 오이피클과 함께 볼에 담아 섞어주세요.

핫도그빵은 오븐에서 따뜻하게 한 번 구워주세요. 채소 볶은 것을 빵에 넣고 소시지를 넣으세요. 접시에 담고 케첩과 머스터드소스를 뿌려주시면 돼요.

치즈소시지 토스트

재료　식빵 1장, 소시지 2개, 채썬 양파 1개, 슬라이스치즈 3장, 오일 조금, 소금 조금, 후춧가루 조금, 머스터드소스 조금, 케첩 조금

채썬 양파는 달군 팬에 오일을 조금 두르고 약불에서 연한 갈색빛이 돌 때까지 볶아주세요. 소금과 후춧가루로 살짝 간을 해주시면 돼요.

소시지는 먹기 좋게 칼집을 낸 뒤 끓는 물에 데쳐 물기를 제거해주세요.

달군 팬에 잘 구워주세요.

식빵은 토스트기에서 구워 반으로 잘라 머스터드소스 발라주세요. 그 위에 슬라이스치즈를 반으로 잘라 각각 올려주세요.

소시지를 올리고, 볶은 양파를 올려주세요.

슬라이스치즈를 각각 올려주고, 오븐에서 치즈가 녹을 때까지 구워주세요.

치즈식빵
핫도그

재료　　식빵 4장, 소시지 4개, 슬라이스치즈 4장, 달걀 1개, 빵가루 적당량

소시지는 끓는 물에 넣고 살짝 데친 뒤 물기를 빼주세요.

식빵은 가장자리를 자르고 밀대로 밀어주세요.

식빵에 슬라이스치즈를 얹고 소시지를 올려 돌돌 말아주세요.

달걀과 빵가루를 준비해놓고 돌돌 만 식빵에 달걀물을 살짝 발라주세요. 풀어지지 않게 하려고 달걀물에 적시는 것이니 푹 적시지 말고 살짝 적셔주세요. 그런 다음 빵가루를 묻혀주세요.

오븐팬에 가지런히 담고, 200도로 예열한 오븐에서 10분 이내로 구워주세요.

치킨강정

재료	시판 치킨가스 2장, 구운 호두 50g
양념	올리브오일 2½큰술, 고추장 3큰술, 설탕 1큰술, 올리고당 1큰술, 참기름 1큰술, 다진 마늘 1큰술, 소금 1/4작은술

시판 치킨가스를 한입 크기로 잘라주세요.

넉넉하게 오일을 두른 팬에 튀기듯이 구운 뒤 키친타월에 올려 기름기를 제거해주세요.

양념 재료를 팬에 담고, 설탕이 녹을 때까지 젓다가 설탕이 완전히 녹으면 불을 켜고 보글보글 끓여주세요.

양념이 충분히 끓었으면 바삭하게 튀긴 치킨가스와 호두를 넣고 센불에서 섞어가며 재빨리 볶아주세요.

치킨치즈
브리또

재료	닭가슴살 1조각, 토르티야 1장, 슬라이스치즈 2장, 냉장고 속 채소 적당량(양상추, 색색 파프리카, 양파, 오이, 쑥갓 등)
닭가슴살 밑간	청주 조금, 허브솔트 조금
허니머스터드소스	마요네즈 2큰술, 머스터드소스 1큰술, 꿀 1큰술

닭가슴살은 청주와 허브솔트를 뿌려서 밑간을 해주세요.

팬이나 그릴에 구워 먹기 좋게 잘라주세요.

채소는 양상추, 색색 파프리카, 양파, 오이, 쑥갓 등 냉장고 안에 있는 것을 활용하여 기호에 맞게 썰어주세요. 슬라이스치즈는 반으로 자르는데, 미리 꺼내놓지 말고 닭가슴살이 다익을 때쯤 냉장고에서 꺼내 잘라주세요.

토르티야는 살짝 구워 4등분해준 뒤, 위에 양상추, 슬라이스치즈, 허니머스터드소스에 버무린 닭가슴살과 채소를 순서대로 올리고 돌돌 말아주세요.

캔햄스테이크

재료	캔햄 1캔
소스	버터 1큰술, 채썬 양파(중) 1/2개, 다시마물 3큰술, 우스터소스 3큰술, 케첩 3큰술

캔햄은 큼직하게 잘라 뜨거운 물을 한번 부어 기름기를 빼준 뒤 물기를 제거해주세요.

달군 그릴팬에 오일을 조금 바른 뒤 캔햄을 올려 앞뒤로 맛있게 구워주세요.

달군 소스팬에 버터를 녹이다가 채썬 양파를 넣고 볶아주세요.

양파가 투명해지면 다시마물, 우스터소스, 케첩을 넣고 조려주세요.

크림소스 떡볶이

재료　떡볶이떡 500g, 생크림 200g, 우유 200g, 달걀노른자 1개, 베이컨 6줄, 양파 1/2개, 데친 브로콜리 130g, 다진 마늘 1큰술, 청양고추 1개, 소금 조금, 후춧가루 조금, 오일 조금

베이컨과 양파, 데친 브로콜리는 기호에 맞게 썰고 청양고추는 잘게 다져주세요.

생크림, 우유, 달걀노른자를 섞어주세요.

달군 팬에 다진 마늘을 넣고 볶아준 뒤 양파와 베이컨을 넣고 볶아주세요.

떡볶이떡과 생크림+우유+달걀노른자 섞은 것을 넣고 끓여주세요.

떡이 말랑말랑하게 익으면 데친 브로콜리, 청양고추를 넣고 섞어준 뒤, 소금과 후춧가루로 간을 맞춰주세요.

팝콘치킨

재료	닭가슴살 300g, 달걀노른자 1개, 튀김오일 적당량
밑간	머스터드소스 1작은술, 소금 1/4작은술, 후춧가루 약간
튀김옷	튀김가루 1/4컵, 빵가루 3큰술, 녹말가루 3큰술, 마늘가루 1작은술, 소금 한 꼬집

닭가슴살은 시중에 판매하는 팝콥치킨처럼 한입 크기로 자르세요. 그런 다음 밑간 재료를 넣고 버무려서 10분 정도 재워두세요.

달걀노른자를 넣고 섞은 뒤 튀김옷 재료를 넣고 섞어주세요.

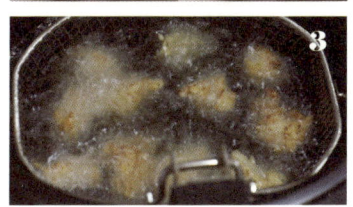

바삭하게 2번을 튀겨주세요.

하와이안
무스비

재료 밥 2공기, 김(김밥용) 2장, 캔햄 200g, 달걀 2개, 슬라이스치즈 4장, 깻잎 4장, 검은깨 1큰술, 소금 조금, 참기름 조금

캔햄은 뜨거운 물을 부어 기름기를 제거한 뒤 달구어진 팬에 노릇하게 구워주세요.

달걀은 풀어서 체에 한번 거른 뒤, 소금을 넣고 달구어진 팬에 구워 반으로 접어주세요.

깻잎을 씻어 물기를 뺀 뒤 반으로 잘라놓고, 달걀 부친 것은 캔햄과 같은 크기로 잘라놓으세요.

밥 2공기에 검은깨, 소금, 참기름을 넣고 잘 섞은 뒤 식혀주세요.

김 위에 무스비틀을 올려 밥을 넣고 한 번 눌러주세요. 그 위에 달걀, 깻잎, 반으로 접은 슬라이스치즈, 캔햄, 밥 순으로 넣고 꾸~욱 눌러주세요. 누르면서 무스비틀을 빼주세요.

핫닭날개튀김

재료	닭날개 1팩, 우유 적당량
밑간	양파즙 1큰술, 레몬즙 1큰술, 핫소스 2큰술, 소금 1/4작은술, 후춧가루 1/4작은술, 마늘가루 1작은술
튀김옷	튀김가루 1큰술, 전분 1큰술, 빵가루 2큰술, 카레가루 1큰술

닭날개는 우유에 담가두었다가 깨끗이 씻어 물기를 제거해주세요.

포크를 이용하여 닭날개 중간중간 콕콕 찔러주세요.

분량의 재료대로 양념을 만들어 섞은 뒤 1시간 정도 재워두세요.

재워두었던 닭날개에 튀김옷을 입혀주세요.

에어프라이어를 이용하여 튀겨주세요.

햄초밥

재료	밥 2½ 공기, 캔햄 1개, 검은깨 1큰술, 통깨 1큰술, 김 1/2장
배합초	식초 4큰술, 설탕 2큰술, 소금 1/4작은술

캔햄은 뜨거운 물을 부어 기름기를 제거한 뒤 원하는 크기대로 잘라주세요. 달군 팬에 오일을 두르지 않고 앞뒤 노릇노릇하게 구워주세요.

볼에 밥을 담고 배합초, 검은깨, 통깨를 넣고 잘 섞어주세요.

밥을 동그랗게 뭉쳐주세요.

구운 캔햄 위에 밥을 올리고 다시 캔햄을 올려 살짝 눌러서 모양을 잡아주세요. 그런 다음 김을 잘라 띠를 둘러주세요.

훈제닭가슴살
샌드위치

재료	훈제닭가슴살 4조각, 식빵 6장, 토마토 2개, 슬라이스치즈 2장, 오이 1/2개, 오이피클 조금, 양상추 조금, 머스터드소스 1큰술, 마요네즈 3큰술

양상추는 깨끗이 씻어서 물기를 제거한 뒤 먹기 좋게 뜯어놓고, 토마토는 동그랗게 썰어주세요. 오이는 굵은소금을 이용하여 비벼 씻은 뒤, 껍질을 벗기고 얇게 썰어주세요. 오이피클은 물기를 빼주세요.

훈제닭가슴살은 그릴에 올려 구워 가로로 한 번 썰어주세요.

식빵은 토스트기에 바삭하게 구워 머스터드소스와 마요네즈를 섞어 발라주세요. 그 위에 양상추를 놓고 훈제닭가슴살, 오이피클, 토마토를 얹은 뒤 소스 바른 식빵을 얹어주세요.

다시 양상추, 슬라이스치즈, 훈제닭가슴살을 얹고 소스 바른 식빵으로 마무리해주세요.

훈제오리
샐러드

재료	훈제오리 250g, 영양부추 150g, 양파 1/2개, 방울토마토 3개
드레싱	슬라이스 파인애플 1개, 양파 1/4개, 현미식초 2큰술, 레몬즙 1큰술, 설탕 1큰술, 소금 1/2작은술, 올리브유 1큰술

훈제오리는 달군 팬에 기름 없이 구워주세요.

맛있게 구운 훈제오리는 키친타월에 올려 기름기를 빼주세요.

영양부추, 양파, 방울토마토는 기호에 맞게 썰어주세요.

분량의 드레싱 재료를 모두 믹서기에 넣고 갈아주세요.

영양부추와 양파를 섞어 접시에 담고, 그 위에 구운 훈제오리를 올린 뒤 반으로 자른 방울토마토로 적절히 장식해주세요. 믹서기에 갈아서 만든 새콤드레싱은 미리 준비하여 냉장고에 넣어두었다가 살살살~ 뿌려주세요.

훈제오리
채소볶음밥

강황밥 2공기, 훈제오리(슬라이스) 180g, 양파 1/2개, 빨강노랑파프리카 1/2개씩, 청피망 1개, 청양고추 2개, 소금 조금, 오일 조금, 검은깨 조금

청양고추는 잘게 다지고 양파, 빨강노랑파프리카, 청피망은 조금 굵게 다져주세요.

훈제오리는 먹기 좋게 썰어, 달군 팬에 종이호일을 깔고 구운 뒤 키친타월에 올려 기름기를 빼주세요.

달군 팬에 오일을 1작은술 두르고, 양파와 청양고추를 넣고 달달 볶아주세요.

양파가 살짝 투명해지면서 청양고추의 매운 향이 올라오면 강황밥 2공기를 넣고 섞어가며 볶아주세요.

빨강노랑파프리카와 청피망을 넣고 기름기를 뺀 훈제오리와 함께 볶아주세요. 소금으로 간을 하며 마무리하면 됩니다.

고기가 좋아!

우리 가족 건강을 지켜주는 든든한 음식

초판 1쇄 인쇄 2017년 01월 07일
초판 1쇄 발행 2017년 01월 14일

지은이 이연화
펴낸이 이대희
펴낸곳 지훈출판사

기획편집 허남희
마케팅 윤태영
디자인 김미영
경영지원 안지영, 김정미
공급처(서경서적)
전화 02) 737-0904 **팩스** 02) 723-4925

출판등록 2004년 8월 27일 제300-2004-167호
주소 서울시 종로구 내자동 167-2 인왕빌딩 1층
전화 02) 738-5535
팩스 02) 738-5539
이메일 jihoonbook@naver.com

편집저작권ⓒ2017지훈출판사
ISBN 978-89-91974-49-4 13590

* 잘못 만들어진 책은 구입하신 서점에서 교환하여 드립니다.